Florian Oppel

Die Befreiungstatbestände der §§ 13a, 13b ErbStG

Ein Fall für das BVerfG?

Bachelor + Master
Publishing

Oppel, Florian: Die Befreiungstatbestände der §§ 13a, 13b ErbStG: Ein Fall für das BVerfG?, Hamburg, Bachelor + Master Publishing 2013

Originaltitel der Abschlussarbeit: Die Begünstigung von Unternehmensvermögen durch §§ 13 a, b ErbStG: Gestaltungsmöglichkeiten und Verfassungsfragen

Buch-ISBN: 978-3-95549-092-8
PDF-eBook-ISBN: 978-3-95549-592-3
Druck/Herstellung: Bachelor + Master Publishing, Hamburg, 2013
Zugl. Universität zu Köln, Köln, Deutschland, Masterarbeit, September 2012

Bibliografische Information der Deutschen Nationalbibliothek:
Die Deutsche Nationalbibliothek verzeichnet diese Publikation in der Deutschen Nationalbibliografie; detaillierte bibliografische Daten sind im Internet über http://dnb.d-nb.de abrufbar.

© Bachelor + Master Publishing, Imprint der Diplomica Verlag GmbH
Hermannstal 119k, 22119 Hamburg
http://www.diplomica-verlag.de, Hamburg 2013
Printed in Germany

Inhaltsverzeichnis

Abkürzungsverzeichnis

a. F.	alte Fassung
Abs.	Absatz
AdV	Aussetzung der Vollziehung
AO	Abgabenordnung
Art.	Artikel
Az.	Aktenzeichen
BB	Betriebs-Berater (Zeitschrift)
Bd.	Band
BeckRS	Beck-Rechtsprechung
BewG	Bewertungsgesetz
BFH	Bundesfinanzhof
BFH/PR	BFH Praxisreport (Zeitschrift)
BGBl.	Bundesgesetzblatt
BMF	Bundesministerium der Finanzen
BR-Drs.	Bundesratsdrucksache
bspw.	beispielsweise
BStBl. I	Bundessteuerblatt Teil I
BT-Drs.	Bundestagsdrucksache
Buchst.	Buchstabe
BVerfG	Bundesverfassungsgericht
BVerfGE	Entscheidungen des Bundesverfassungsgerichts
BWNotZ	Zeitschrift für das Notariat in Baden-Württemberg
bzw.	beziehungsweise
CDU	Christlich Demokratische Union Deutschlands
CSU	Christlich-Soziale Union in Bayern e. V.
DB	Der Betrieb (Zeitschrift)
ders.	derselbe
Diss.	Dissertation
DNotZ	Deutsche Notar-Zeitschrift
DStJG	Deutsche Steuerjuristische Gesellschaft e. V.
DStR	Deutsches Steuerrecht (Zeitschrift)
DStZ	Deutsche Steuer-Zeitung

EFG	Entscheidungen der Finanzgerichte
Einf.	Einführung
ErbSt	Erbschaft- und Schenkungsteuer
ErbStG	Erbschaftsteuergesetz
ErbStR	Erbschaftsteuerrichtlinie
EStG	Einkommensteuergesetz
et. al.	et alii (lat.)
EU	Europäische Union
EWR	Europäischer Wirtschaftsraum
f.	für, folgende Seite
ff.	folgende Seiten
FN	Fußnote
FR	Finanz-Rundschau (Zeitschrift)
FS	Festschrift
gem.	gemäß
GG	Grundgesetz
ggf.	gegebenenfalls
GmbH	Gesellschaft mit beschränkter Haftung
GmbHR	GmbH Rundschau (Zeitschrift)
GWR	Gesellschafts- und Wirtschaftsrecht (Zeitschrift)
h. M.	herrschende Meinung
Hrsg.	Herausgeber
i. A.	im Auftrag
i. d. F.	in der Fassung
i. S. d.	im Sinne des
i. S. v.	im Sinne von
i. V. m.	in Verbindung mit
insb.	insbesondere
JStG	Jahressteuergesetz
JZ	Juristen Zeitung
KG	Kommanditgesellschaft
lt.	laut
m. w. N.	mit weiteren Nachweisen
Mrd.	Milliarden

NGO	Non-Governmental Organization (engl.)
NJW	Neue Juristische Wochenschrift
Nr.	Nummer
NZG	Neue Zeitschrift für Gesellschaftsrecht
Rn.	Randnummer
Rspr.	Rechtsprechung
S.	Seite, Satz
s. o.	siehe oben
s. u.	siehe unten
SPD	Sozialdemokratische Partei Deutschlands
St. Rspr.	ständige Rechtsprechung
SteuK	Steuerrecht kurzgefasst (Zeitschrift)
StuB	Unternehmenssteuern und Bilanzen (Zeitschrift)
StuW	Steuer und Wirtschaft (Zeitschrift)
u. U.	unter Umständen
v.	von, vom
VfGH	österreichischer Verfassungsgerichtshof
vgl.	vergleiche
WpHG	Wertpapierhandelsgesetz
z. T.	zum Teil
ZErb	Zeitschrift für die Steuer- und Erbrechtspraxis
ZEV	Zeitschrift für Erbrecht und Vermögensnachfolge
ZRP	Zeitschrift für Rechtspolitik
zugl.	zugleich
ErbStRG	Erbschaftsteuerreformgesetz

Literaturverzeichnis

Bareis, Peter, Probleme verfassungsrechtlicher Vorgaben und ihrer Umsetzung am Beispiel der Vermögens- und Erbschaftsteuer, DB 1996, S. 1153 – 1158.

Bareis, Peter/Elser, Thomas, Analyse des neuen Erbschaftsteuerrechts, DStR 1997, S. 557 – 562.

Bäuml, Sven, Das Gesetz zur Erleichterung der Unternehmensnachfolge: Der Kabinettsentwurf vom 25. Oktober 2006 aus Sicht der Beratungspraxis, ZEV 2006, S. 525 – 530.

Birk, Dieter, Die Erbschaftsteuer als Mittel der Gesellschaftspolitik, StuW 2005, S. 346 – 352.

Birk, Dieter, Steuerrecht, 14. Auflage, Heidelberg et. al., 2011 (zitiert: *Birk*, Steuerrecht).

Birk, Dieter, Verfassungsfragen im Steuerrecht – Eine Zwischenbilanz nach den jüngsten Entscheidungen des BFH und des BVerfG, DStR 2009, S. 877 – 882.

Birk, Dieter/Pöllath, Reinhard, Erbschaftsteuerfreiheit bei Unternehmensfortführung? Verfassungsmäßigkeit und ökonomische Vernunft bei Änderung der Erbschaftsteuer, ZRP 2006, S. 209 – 212.

Blumers, Wolfgang, Droht im ErbStG ein baldiger Paradigmenwechsel?, DB 2012, S. 1228 – 1231.

Crezelius, Georg, Das neue Erbschaft- und Schenkungsteuerrecht im Rechtssystem, ZEV 2009, S. 1 – 6.

Crezelius, Georg, Der Entwurf eines Gesetzes zur Reform des Erbschaftsteuer- und Bewertungsrechts (Erbschaftsteuerreformgesetz – ErbStRG), DStR 2007, S. 2277 – 2284.

Crezelius, Georg, Die Entwicklung des Erbschaftsteuerrechts in den letzten 100 Jahren, FR 2007, S. 613 – 624.

Crezelius, Georg, Verfassungswidrigkeit des reformierten Erbschaft- und Schenkungsteuergesetzes?, ZEV 2012, S. 1 – 5.

Daragan, Hanspeter, Verfassungsmäßigkeit der Erbschaftsteuer – Anmerkungen zum Beschluss des BFH vom 24.10.2001 – II R 61/99, BB 2002, S. 649 – 655.

Daragan, Hanspeter/Halaczinsky, Raymond/Riedel, Christopher (Hrsg.), Praxiskommentar Erbschaftsteuergesetz und Bewertungsgesetz, 2. Auflage, Bonn, 2012 (zitiert: *Bearbeiter* in Daragan/Halaczinsky/Riedel (Hrsg.), ErbStG).

Eisele, Dirk, Das Erbschaft- und Schenkungsteuergesetz erneut auf verfassungsrechtlichem Prüfstand?, Die Steuerwarte 2012, S. 73 – 76.

Englisch, Joachim, Folgerichtiges Steuerrecht als Verfassungsgebot in *Tipke, Klaus/Seer, Roman/Hey, Johanna/Englisch, Joachim* (Hrsg.), Festschrift für Joachim Lang zum 70. Geburtstag – Gestaltung der Steuerrechtsordnung (zitiert: *Englisch* in FS Lang).

Epping, Volker/Hillgruber, Christian (Hrsg.), Beck'scher Online-Kommentar GG, 15. Edition, Stand: 1.7.2012, München (zitiert: *Bearbeiter* in BeckOK GG).

Feick, Martin/Weber, Iris Janina, Schenkung- und Erbschaftsteuer bei Anteilsübertragungen in Familienunternehmen – Handlungsbedarf oder Zeit abzuwarten?, BB 2012, S. 747 – 753.

Fraberger, Friedrich/Petritz, Michael, Die Zukunft der Erbschafts- und Schenkungsbesteuerung in Österreich, ZErb 2008, S. 146 – 151.

Geck, Reinhard, Aktuelle Entwicklungen im Bereich der Erbschaft- und Schenkungsteuer, DNotZ 2012, S. 329 (330).

Geck, Reinhard, Die Erbschaftsteuer und das Verfassungsrecht – eine unendliche Geschichte, NZG 2012, S. 93 – 96.

Geck, Reinhard, Die unentgeltliche lebzeitige Übertragung von Anteilen an gewerblich geprägten Personengesellschaften nach der Erbschaftsteuerreform, ZEV 2009, S. 601 – 604.

Geck, Reinhard, Geplante Änderungen des ErbStG im Rahmen des JStG 2013 – Gute und schlechte Nachrichten aus dem Bundesrat, ZEV 2012, S. 399 – 402.

Hannes, Frank, Anmerkung zu BFH v. 5.10.2011 – Az. II R 9/11, ZEV 2011, S. 675 – 676.

Hannes, Frank, Entwurf der Erbschaftsteuer-Richtlinie 2011 – Kernaussagen der Finanzverwaltung zum Unternehmens-Erbschaftsteuerrecht, NZG 2011, S. 1245 – 1252.

Hannes, Frank, Unternehmensnachfolge leicht gemacht? Kritische Anmerkungen zum jüngsten Entwurf eines Unternehmensnachfolgeerleichterungsgesetzes, DStR 2006, S. 2058 – 2063.

Hannes, Frank/Onderka, Wolfgang, Die Übertragung von Betriebsvermögen nach dem neuen Erbschaftsteuergesetz, ZEV 2009, S. 10 – 15.

Hannes, Frank/Onderka, Wolfgang, Erbschaftsteuerreform: Die Besteuerung des Erwerbs von Betriebsvermögen – keine Sternstunde der Steuervereinfachung, ZEV 2008, S. 16 – 22.

Herzig, Norbert/Bohn, Alexander, Das Wachstumsbeschleunigungsgesetz als Umsetzung des Sofortprogramms der Koalitionsparteien zum Unternehmenssteuerrecht, DStR 2009, S. 2341 – 2349.

Hey, Johanna, BVerfG zur Erbschaftsteuer: Bewertungsgleichmaß und Gemeinwohlzwecke, JZ 2007, S. 564 – 574.

Hubert, Tina, Zur Verfassungsmäßigkeit der Erbschaftsteuer bei Unternehmensnachfolge, StuB 2010, S. 464 – 467.

Hübner, Heinrich, Verfassungswidrigkeit des Erbschaftsteuergesetzes? Anmerkungen zum BFH-Beschluss vom 24.10.2011, II R 61/99, DStR 2001, S. 2193 – 2196.

Jarass, Hans/Pieroth, Bodo; Grundgesetz für die Bundesrepublik Deutschland, 12. Auflage, München, 2012 (zitiert: *Bearbeiter* in *Jarass/Pieroth*, GG).

Kapp, Reinhard/Ebeling, Jürgen, Erbschaftsteuer- und Schenkungsteuergesetz Kommentar, 59. Auflage, Köln, 2012 (zitiert: *Bearbeiter* in *Kapp/Ebeling*, ErbStG).

Klein, Franz, Gleichheitssatz und Steuerrecht, Köln, 1966 (zitiert: *Klein*, Gleichheitssatz und Steuerrecht).

Knobbe-Keuk, Brigitte, Bilanz- und Unternehmenssteuerrecht, 9. Auflage, Köln, 1993 (zitiert: *Knobbe-Keuk*, Bilanz- und Unternehmenssteuerrecht).

Korezkij, Leonid, Geplante Verschärfung der Erbschaftsteuer: Zum Sinn und Unsinn der neuen Missbrauchsvorschriften, DStR 2012, S. 1640 – 1646.

Lahme, Stefan/Zipfel, Lars, Verfassungsrechtliche Zweifel des BFG an derzeitiger Erb-schaftsteuer – ggf. wohl Steuerverschärfungen zu erwarten, BB 2012, S. 168 – 170.

Landsittel, Ralph, Auswirkungen des Erbschaftsteuerreformgesetzes auf die Unternehmens-nachfolge, ZErb 2009, S. 11 – 21.

Lang, Joachim, Das verfassungsrechtliche Scheitern der Erbschaft- und Schenkungsteuer, StuW 2008, S. 189 – 205.

Lang, Joachim, Gleichheitswidrigkeit und gleichheitsrechtliche Ausgestaltung der erbschaft-steuerlichen Verschonung, FR 2010, S. 49 – 58.

Langenfeld, Gerrit, Gestaltung zur Vermeidung des Entfallens einer Poolvereinbarung nach § 13b Abs. 1 ErbStG, ZEV 2009, S. 596 – 601.

Meincke, Jens Peter, Erbschaftsteuer- und Schenkungsteuergesetz – Kommentar, 16. Auflage, München, 2012 (zitiert: *Meinke*, ErbStG).

Meincke, Jens Peter, Erbschaftsteuer- und Schenkungsteuergesetz – Kommentar, 14. Auflage, München, 2004 (zitiert: *Meinke*, ErbStG[14]).

Meincke, Jens Peter, Gedanken zur Erbschaftsteuerreform vor dem Hintergrund der verfas-sungsrechtlichen Vorgaben, DStR 1996, S. 1305 – 1310.

Meincke, Jens Peter, Rechtfertigung der Erbschaft- und Schenkungsteuer in *Birk, Dieter* (Hrsg. i. A. der Deutschen Steuerjuristischen Gesellschaft e. V.), Steuern auf Erbschaft und Vermögen, Köln 1999, S. 39 - 58 (zitiert: *Meincke* in DStJG 1999).

Moench, Dietmar/Albrecht, Gerd, Erbschaftsteuerrecht einschließlich Schenkungsteuerrecht und Bewertung, 2. Auflage, München, 2009 (zitiert: *Moench/Albrecht*, Erbschaftsteuerrecht).

Moench, Dietmar/Albrecht, Gerd, Erbschaftsteuerrecht einschließlich Schenkungsteuerrecht und Bewertung, 1. Auflage, München, 2006 (zitiert: *Moench/Albrecht*, Erbschaftsteuerrecht[1]).

Moench, Dietmar/Hübner, Heinrich, Erbschaftsteuerrecht – Grundlagen, Problemfelder, Unternehmensnachfolge, 3. Auflage, München, 2012 (zitiert: *Moench/Hübner*, Erbschaftsteuerrecht).

Möschel, Wernhard, Ökonomie und Erbschaftsteuer in *Kirchdörfer, Rainer/Lorz, Rainer/Wiedemann, Andreas/Kögel, Rainer/Frohnmayer, Thomas* (Hrsg.), Festschrift für Brun-Hagen Hennerkes zum 70. Geburtstag, S. 58 – 64 (zitiert: *Möschel* in FS Hennerkes).

Pahlke, Armin, Beitrittsaufforderung: Prüfung der Verfassungsmäßigkeit des ErbStG i. d. F. des ErbStRG und des Wachstumsbeschleunigungsgesetzes, BFH/PR 2012, S. 58 – 60.

Papier, Hans-Jürgen, Steuerrecht im Wandel – verfassungsrechtliche Grenzen der Steuerpolitik, DStR 2007, S. 973 – 978.

Pauli, Rudolf, Anmerkung zu BFH, Beschluss vom 5.10.2011 – Az. II R 9/11, SteuK 2011, S. 533.

Piltz, Detlev, Verwaltungsvermögen im neuen Erbschaftsteuerrecht, ZEV 2008, S. 229 – 232.

Piltz, Detlev, Wird das Erbschaftsteuergesetz 2009 verfassungsmäßig Bestand haben?, DStR 2010, 1913 – 1925.

Rödl, Christian, Bundesrat gefährdet Nachfolge von Familienunternehmen, BB 2012, S. 1761.

Rössler, Rudolf/Troll, Max, Bewertungsgesetz, 16. Auflage, München, 2012 (zitiert: *Bearbeiter* in *Rössler/Troll*, BewG).

Sangen-Emden, Marion, Anmerkung zu BFH, Beschluss vom 5.10.2011 – Az. II R 9/11, GWR 2011, S. 581.

Schmidt, Ludwig, Einkommensteuergesetz, 31. Auflage, München, 2012 (zitiert: *Bearbeiter* in *Schmidt*, EStG).

Schmitt, Michael, Der mühsame Weg zu einem neuen Erbschaftsteuer und Bewertungsrecht in *Spindler, Wolfgang/Tipke, Klaus/Rödder, Thomas* (Hrsg.), Steuerzentrierte Rechtsberatung – Festschrift für Harald Schaumburg zum 65. Geburtstag, Köln 2009 (zitiert *Schmitt* in FS Schaumburg).

Schulte, Wilfried, Erbschaftsteuerrecht, Heidelberg et. al., 2010 (zitiert: *Schulte,* Erbschaftsteuerrecht).

Schulte, Wilfried, Ist die Erbschaftsteuer reformierbar? Die Problematik der Besteuerung der Unternehmensnachfolge, FR 2007, S. 309 – 326.

Schulze zur Wiesche, Richard, Sonderbetriebsvermögen und Verwaltungsvermögenstest nach § 13a und § 13b ErbStG, DStR 2009, S. 732 – 736.

Seer, Roman, BVerfG-Beschluss vom 7.11.2006 und Gesetz zur Erleichterung der Unternehmensnachfolge – Zur Zukunft der Erbschaftsteuer, GmbHR 2007, S. 281 – 290.

Seer, Roman, Das Betriebsvermögen im Erbschaftsteuerrecht in *Birk, Dieter* (Hrsg. i. A. der Deutschen Steuerjuristischen Gesellschaft e. V.), Steuern auf Erbschaft und Vermögen, Köln 1999, S. 192 - 216 (zitiert: *Seer* in DStJG 1999).

Seer, Roman, Der Beschluss des BVerfG zur Erbschaftsteuer vom 7.11.2006 – Analyse und Ausblick, ZEV 2007, S. 101 – 106.

Seer, Roman, Die Erbschaft- und Schenkungsteuer im System der Besteuerung nach wirtschaftlicher Leistungsfähigkeit – Zugleich eine kritische Würdigung des Erbschaftsteuerreformgesetzes v. 24.12.2008, GmbHR 2009, S. 225 – 237.

Seer, Roman, Erbschaftsteuerliche Begünstigung der Betriebsfortführung – Analyse der parteiübergreifenden Gesetzesentwürfe zur Sicherung der Unternehmensnachfolge v. 10.5. u. 30.5.2005, StuW 2005, S. 353 – 366.

Seer, Roman, Reform der Erbschaft- und Schenkungsteuer: Breite Bemessungsgrundlage – niedriger Steuertarif, ZRP 2007, S. 116 – 120.

Spitzbart, Britta, Das Betriebsvermögen im Erbschaftsteuerrecht – Geltendes Recht und Reformvorschläge, Berlin, 1999, zugl. Diss., Köln, 1999 (zitiert: *Spitzbart,* Das Betriebsvermögen im Erbschaftsteuerrecht).

Stahl, Rudolf, Erbschaftsteuerreduzierung nach §§ 13a, 19a ErbStG durch vermögensverwaltende, aber gewerblich geprägte Personengesellschaften, NJW 2000, S. 3100 – 3103.

Theilacker, Gerhard, Ist die Steuerverschonung nach §§ 13a, 13b ErbStG ganz oder teilweise verfassungswidrig?, BWNotZ 2012, S. 2 – 7.

Tipke, Klaus, Die Steuerrechtsordnung – Band I: Wissenschaftsorganisatorische, systematische und grundrechtlich-rechtsstaatliche Grundlagen, 2. Auflage, Köln, 2000 (zitiert: *Tipke,* Die Steuerrechtsordnung Bd. I).

Tipke, Klaus, Die Steuerrechtsordnung – Band II: Steuerrechtfertigungstheorie, Anwendung auf alle Steuerarten, sachgerechtes Steuersystem, 2. Auflage, Köln, 2003 (zitiert: *Tipke,* Die Steuerrechtsordnung Bd. II).

Tipke, Klaus/Lang, Joachim, Steuerrecht, 20. Auflage, Köln 2010 (zitiert: *Bearbeiter* in *Tipke/Lang,* Steuerrecht).

Tölle, Wolf-Dieter, Steuerliche Gestaltungsmöglichkeiten der privaten Vermögensübertragung mitteln eines gewerblich geprägten Familienpools, SteuK 2012, S. 70 – 74.

Troll, Max/Gebel, Dieter/Jülicher, Marc, Erbschaft- und Schenkungsteuergesetz – Kommentar, 44. Auflage, München, 2012 (zitiert: *Bearbeiter* in *Troll/Gebel/Jülicher,* ErbStG).

Viskorf, Hermann-Ulrich, Verfassungsrechtliche Fragen der Erbschaftsteuer und der geplanten gesetzgeberischen Neuregelung, FR 2007, S. 624 – 630.

Viskorf, Hermann-Ulrich/Knobel, Wolfgang/Schuck, Stephan et. al., Erbschaftsteuer- und Schenkungsteuergesetz, Bewertungsgesetz – Kommentar, 3. Auflage, Herne, 2009 (zitiert: *Bearbeiter* in *Viskorf/Knobel/Schuck*).

Wachter, Thomas, Die Zukunft des geplanten Gesetzes zur Erleichterung der Unternehmensnachfolge – Mögliche Auswirkungen der Entscheidungen des Bundesverfassungsgerichts zum Erbschaft- und Schenkungsteuerrecht, BB 2007, S. 577 – 586.

Wachter, Thomas, Mögliche Verfassungswidrigkeit des Erbschaft- und Schenkungsteuergesetzes, DStR 2011, S. 2331 – 2334.

Weber, Klaus/Schwind, Heike, ErbStR 2011: Lohnsummenkontrolle, ZEV 2012, S. 88 – 92.

Weßling, Johannes, Analyse der Vorteilhaftigkeit der Umwandlung von zu verschenkendem privaten Grundbesitz in Betriebsvermögen nach dem neuen ErbStG, DStR 1997, S. 1381 – 1384.

1. Teil: Einführung und Grundlegung

Seit langem wird die Frage, ob das ErbStG den Anforderungen des Grundgesetzes entspricht, diskutiert. *Geck* spricht in diesem Zusammenhang gar von einer „unendlichen Geschichte"[1] und fühlt sich an den Silvester-Klassiker *Dinner for one* erinnert, in dem Butler *James* seine Arbeitgeberin *Miss Sophie* mehrmals in altbekannter Weise „The same procedure as every year?" fragt.[2]

Die Erbschaft- und Schenkungsteuer unterwirft Vermögenserwerbe, die sich von Todes wegen oder aufgrund von Schenkungen unter Lebenden vollziehen,[3] einem progressiven Steuertarif zwischen 7 % und 50 %. Dabei ist sie einer Umfrage zur Folge die Steuer mit der geringsten Akzeptanz in Deutschland;[4] wohl deshalb wird sie seit geraumer Zeit kontrovers diskutiert.[5] Wie kaum eine andere ist sie eine „politische Steuer"[6], welche der Gesetzgeber für sich in besonderer Weise als Mittel der Gesellschaftspolitik und als Lenkungssteuer nutzbar gemacht hat.[7] Entsprechend umstritten ist die ErbSt in der politischen Diskussion: Zum Teil wird, besonders aus Reihen liberaler und konservativer Politiker, eine eigene Regelungszuständigkeit der Bundesländer[8] oder gar ihre Abschaffung verlangt[9]. Das andere politische

---

1   *Geck,* NZG 2012, S. 93 (93).

2   *Geck,* NZG 2012, S. 93 (94); ähnlich auch *Hubert,* StuB 2010, 464 (464) bezogen auf BFH-Beschluss v. 1.4.2010 – Az. II B 168/09, BeckRS 2010, 24003977 = DStR 2010, S. 749 – 751; in dem zugrundeliegenden AdV-Verfahren kam es auf die Frage, ob ernstliche Zweifel an § 19 Abs. 1 ErbStG bestehen, nicht an, weil das erforderliche berechtigte Aussetzungsinteresse des Antragstellers nicht bestand, BeckRS 2010, 24003977 Rn. 8 ff.; *Eisele,* Die Steuerwarte 2012, S. 73 (73); *Hübner,* DStR 2011, S. 2193 (2193) bezogen auf BFH v. 24.10.2001 – Az. II R 61/99 (Beitrittsbeschluss gem. § 122 Abs. 2 FGO); im weiteren Verfahren legte der BFH das Verfahren dem BVerfG am 22.5.2002 vor.

3   Vgl. dazu *Tipke,* Die Steuerrechtsordnung Bd. II, S. 879 f.

4   *Moench/Albrecht,* Erbschaftsteuer, Rn. 1.

5   Vgl. zu Kritik und Rechtfertigung aus Kreisen der Rechtswissenschaft zusammenfassend *Meincke,* ErbStG, Einf. Rn. 1a; *ders.* in DStJG 1999, S. 39 – 58; zu ökonomischen Aspekten vgl. *Möschel* in FS Hennerkes, S. 57 ff.; die Grundzüge der Diskussion im politischen Raum fasst *Tipke,* Die Steuerrechtsordnung Bd. II, S. 870 ff. zusammen.

6   *Hey,* JZ 2007, S. 564 (564).

7   Vgl. dazu *Birk,* StuW 2005, S. 346 ff. Im 19. Jahrhundert war sie lt. *Tipke,* Die Steuerrechtsordnung Bd. I, S. 460, „zum Vehikel sozialer Revolutions- und Reformbestrebungen" geworden (m. w. N.).

8   So bspw. der CSU-Vorsitzende *Horst Seehofer* am 5.1.2012, vgl. http://www.sueddeutsche.de/politik/csu-winterklausur-seehofer-praesentiert-plaene-fuer-neue-erbschaftssteuer-1.1251571 (3.8.2011, 9.17 Uhr).

9   So bspw. der damalige Bundeswirtschaftsminister *Rainer Brüderle* am 24.11.2009 im Rahmen der Arbeitgebertagung in Berlin, http://www.netzeitung.de/politik/deutschland/1520900.html (3.8.2012, 9.23 Uhr) und sein Amtsvorgänger *Michael Glos* am 16.4.2007, http://www.spiegel.de/wirtschaft/finanzen-glos-plaediert-fuer-abschaffung-der-erbschaftsteuer-a-477473.html (3.8.2012, 9.25 Uhr).

Lager tritt unterdessen eher für eine Ausweitung der Besteuerung ein.[10] Angesichts des relativ niedrigen Aufkommens im Jahre 2011 von lediglich 4,404 Mrd. Euro,[11] was weniger als 1 % des Gesamtsteueraufkommens[12] der Bundesrepublik ausmacht, ist die Intensität, mit der im politischen Bereich über Sinn und Unsinn der ErbSt diskutiert wird, erstaunlich. Insbesondere seit Ende der 80er Jahre wird der ErbSt auch abseits der rein politischen Diskussion große Aufmerksamkeit zu Teil:[13] Das BVerfG hat seitdem bereits zweimal über die Verfassungs-konformität der Steuer befinden müssen.[14] Eine dritte Entscheidung des BVerfG zur ErbSt ist in den nächsten Jahren zu erwarten, denn ein neuerliches konkretes Normenkontrollverfahren aufgrund einer Vorlage des Bundesfinanzhofes zeichnet sich ab.[15]

Gem. § 10 Abs. 1 S. 1 ErbStG gilt die Bereicherung des Erwerbers als steuerpflichtiger Erwerb, soweit diese nicht steuerfrei ist. Die §§ 13a, 13b ErbStG sehen Befreiungsmöglich-keiten für Betriebsvermögen, Betriebe der Land- und Forstwirtschaft und Anteile an Kapital-gesellschaften vor. Der Gesetzgeber möchte mit diesen Freistellungen „diejenigen Unterneh-men von der Steuer entlasten, bei denen im Zuge des Betriebsübergangs die Arbeitsplätze weitgehend erhalten bleiben"[16]. Die Frage, welches Vermögen begünstigungsfähig ist, beantwortet § 13b ErbStG. Der BFH bezweifelt die Vereinbarkeit von §§ 13a, 13b ErbStG wegen der Gestaltungsmöglichkeiten, welche die Normen böten, mit Hilfe derer eine Steuer-

---

10 Siehe dazu eine Pressemitteilung des SPD-Bundesverbandes v. 5.9.2011 zum Finanzkonzept der SPD, S. 5, abrufbar unter: http://www.spd.de/linkableblob/17144/data/finanzkonzept_2011_09_05.pdf, (3.8.2011, 9.12 Uhr) und entsprechende Forderungen eines Aktionsbündnisses aus Gewerkschaften, Sozialverbänden und NGOs, wie Attac, mit dem Motto „Reichtum besteuern – um*fair*teilen" am 3.8.2012 vor der Bundespressekonferenz, vgl. dazu http://www.faz.net/aktuell/politik/inland/vorstoss-fuer-umverteilung-aktionsbuendnis-fordert-reichensteuer-11842557.html (3.8.2012, 14.42 Uhr).

11 *Gebel* in *Troll/Gebel/Jülicher*, ErbStG, Einf. Rn. 11.

12 Es betrug 2011 573 Mrd. Euro, vgl. dazu https://www.destatis.de/DE/ZahlenFakten/GesellschaftStaat/OeffentlicheFinanzenSteuern/Steuern/Steu erhaushalt/Aktuell.html (6.8.2012, 8.34 Uhr).

13 Vgl. zur geschichtlichen Entwicklung der ErbSt in den vergangenen 100 Jahren unter Hinweis auf viele, seitdem ungelöste Probleme *Crezelius*, FR 2007, S 613 ff.

14 BVerfG v. 22.6.1995 – Az. 2 BvR 552/91, BVerfGE 93, S. 165 – 179; BVerfG v. 7.11.2006 – Az. 1 BvL 10/02, BVerfGE 117, S. 1 – 70.

15 Der BFH hat das BMF mit Beschluss v. 5.10.2011 Az. II R/11, BeckRS 2011, 967753 = DStR 2011, S. 2193 – 2196 zu dem Beitritt in ein Verfahren aufgefordert, in welchem die Verfassungswidrigkeit von § 19 Abs. 1 i. V. m. §§ 13a, 13b in Frage steht; das BMF ist dem Verfahren zwischenzeitlich beigetreten, vgl. BT-Drs. 17/9077, S. 2; *Theilacker*, BWNotZ 2012, S. 2 (6) erwartet die Vorlage „mit großer Wahr-scheinlichkeit"; *Hannes*, ZEV 2011 (675 (676), stellt fest, die Erbschaftsteuer sei „angezählt"; ebenso *Wachter*, DStR 2011, S. 2331 (2333), *Lahme/Zipfel*, BB 2012, S. 167 (168) und *Pauli*, SteuK 2011, 533; *Geck*, NZG 2012, S. 93 (94, 95) rechnet ebenfalls mit einer Vorlage, denn die Verfassungswidrig-keit sei mit den Händen zu greifen; *Sangen-Emden*, GWR 2011, 581 (581) hingegen denkt, die Ent-scheidung des BFHs sei „völlig offen".

16 BT-Drs. 16/7918, S. 23.

freiheit von an sich nicht begünstigungsfähigem Vermögen erreicht werden könne, mit dem allgemeinen Gleichheitssatz.[17]

Die Begünstigungen für Betriebsvermögen waren in jüngerer Vergangenheit häufig Gegenstand gesetzgeberischer Reformen und Diskussionen über ihre verfassungsrechtliche Zulässigkeit. Sie werden, nach einem kurzen Überblick über die bisherige verfassungsgerichtliche Rechtsprechung, unter Skizzierung der Begünstigungsvoraussetzungen im Einzelnen im 1. Teil der vorliegenden Untersuchung dargestellt. Der 2. Teil widmet sich verschiedenen Gestaltungsmöglichkeiten, welche sich aus der derzeitigen Rechtslage ergeben, deren Vereinbarkeit mit der Zielsetzung der Begünstigungstatbestände allerdings zweifelhaft ist. In diesem Zusammenhang sollen auch die Ursachen der Gestaltbarkeit aufgezeigt werden. Der 3. Teil hat die Vereinbarkeit der Gestaltbarkeit mit dem Grundgesetz, insb. Art. 3 Abs. 1 GG, zum Gegenstand.[18]

I. Die Entwicklung des ErbStG in jüngerer Zeit

In jüngerer Zeit ist der entscheidende Impuls zu Veränderungen der ErbSt stets vom BVerfG ausgegangen, da „der Gesetzgeber sich gescheut hat, die unpopuläre Aufgabe selbst in Angriff zu nehmen"[19]. Gleich zweimal erklärte das BVerfG das ErbStG für verfassungswidrig und stellte den Gesetzgeber vor die Wahl, entweder die Reparaturfrist ungenutzt ablaufen und damit die ErbSt entfallen zu lassen, wie dies in Österreich geschehen ist,[20] oder einen neuerlichen Versuch zu unternehmen, eine verfassungskonforme Neuregelung zu treffen.

---

17 BFH v. 5.10.2011 Az. II R/11, BeckRS 2011, 967753.

18 Zwar deutet der BFH in seiner Beitrittsaufforderung, BFH v. 5.10.2011 Az. II R/11, BeckRS 2011, 967753, Rn. 7 an, dass er auch einen Verstoß gegen Art. 6 Abs. 1 GG wegen der Gleichstellung der Steuerklasse II und III nicht für ausgeschlossen hält, und verweist in diesem Zusammenhang auf verfassungsrechtliche Bedenken innerhalb der Literatur. Wegen der Herabsetzung der Steuersätze in Steuerklasse II durch das Wachstumsbeschleunigungsgesetz, BGBl. I 2009, S. 3950, ist diese Frage jedoch entschärft worden und hat, wie *Wachter*, DStR 2011, S. 2331 (2331) zutreffend feststellt, nur noch rechtshistorische Bedeutung; ähnlich *Geck*, DNotZ 2012, S. 329 (330) und *Hannes*, ZEV 2011, S. 675 (675). Zudem ist sehr zweifelhaft, ob in der Gleichstellung der Steuersätze der Steuerklassen II und III ein Verstoß gegen Art. 6 Abs. 1 GG zu sehen ist, denn die Vorschrift schützt nach überwiegender Ansicht nur die so genannte Kernfamilie, vgl. dazu unter m. w. N. aus der verfassungsgerichtlichen Rspr. FG Düsseldorf v. 12.1.2011 – Az. 4 KI 2574/10 Erb, EFG 2011, 1079 f. (Vorinstanz BFH – Az. II R 9/11).

19 *Moench/Albrecht*, Erbschaftsteuer, Rn. 11.

20 VfGH 07.03.2007 – Az. G 54/06 u. VfGH 15.06.2007 – Az. G 23/07; vgl. dazu zusammenfassend *Fraberger/Petritz*, ZErb 2008, S, 146 (146 f.).

1. Die ErbSt im Fokus verfassungsrechtlicher Rechtsprechung

Nicht als Geldsumme vorliegenden Steuerobjekten muss ein Geldwert zugeordnet werden, aus dem die Bemessungsgrundlage für die Steuer gebildet wird. Es ist zum Zwecke der Besteuerung also eine Bewertung der erworbenen Vermögensgegenstände vorzunehmen,[21] die sich gem. § 12 ErbStG nach den Vorschriften des BewG richtet. Mit Beschluss vom 22.6.1995[22] erklärte das BVerfG mit § 12 ErbStG eine wesentliche Regelung des ErbStG für verfassungswidrig, weil das Gesetz für die Bewertung von Grundstücken einen seit 1964 der tatsächlichen Wertentwicklung nicht mehr angepassten Einheitswert, für das übrige Vermögen jedoch den Gegenwartswert, zugrunde legte.[23] Dies stehe im Widerspruch zu Art. 3 Abs. 1 GG.[24] Das BVerfG gab dem Gesetzgeber eine Neuregelung bis zum 31.12.1996 auf. Es wies im Rahmen seines Beschlusses – in dem der Entscheidung zu Grunde liegende Fall ging es nicht um Betriebsvermögen – darauf hin, dass der Gesetzgeber die von der ErbSt ausgehende Gefahr für die Existenz von bestimmten Betrieben berücksichtigen müsse. Unternehmensvermögen sei in besonderer Weise gemeinwohlgebunden und gemeinwohlverpflichtet. Werde die Sozialgebundenheit durch Fortführung des Betriebes aufrechterhalten, fordere Art. 3 Abs. 1 GG die Steuerlast so zu bemessen, dass sie die Fortführung des Betriebes steuerlich nicht gefährde.[25] Durch diese „erstaunlichen" Stellungnahmen, die *Seer* „in der Nähe politischer Wahlkampfrhetorik" sieht, „erzwang" das BVerfG Privilegierungen für Betriebsvermögen,[26] ohne sich näher zu der Frage zu äußern, wie diese auszugestalten wären.[27]

Der Beschluss des BVerfG veranlasste den Gesetzgeber zu einer Reform, die rückwirkend zum 1.1.1996 mit dem JStG 1997[28] in Kraft trat. An die Stelle der Einheitswerte für die Grundstücksbewertung traten deutlich angehobene Bedarfswerte (§§ 138 ff. BewG a. F.).[29] Die bestehenden Verschonungsvorschriften für Betriebsvermögen wurden ausgeweitet (§§

---

21   BVerfG v. 7.11.2006 – Az. 1 BvL 10/02, BVerfGE 117, S. 1 (3).
22   BVerfG v. 22.6.1995 – Az. 2 BvR 552/91, BVerfGE 93, S. 165 – 179.
23   BVerfG v. 22.6.1995 – Az. 2 BvR 552/91, BVerfGE 93, S. 165 ff. (insb. S. 166 u. S. 176 ff.).
24   BVerfG v. 22.6.1995 – Az. 2 BvR 552/91, BVerfGE 93, S. 165 (insb. S. 177).
25   BVerfG v. 22.6.1995 – Az. 2 BvR 552/91, BVerfGE 93, S. 165 (S. 175 f.).
26   Alle Zitate *Seer* in DStJG 1999, S. 191 (210, 211); kritisch auch *Tipke*, Die Steuerrechtsordnung II, S. 900 m. w. N.
27   *Hey*, JZ 2007, S. 564 (568) weist auf eine weitere Schwäche des Beschlusses hin, indem nicht zwischen Bewertungs- und Lenkungsebene differenziert werde. Vielmehr lege die Entscheidung nahe, der erbschaftsteuerliche Wert müsse vom Verkehrswert abweichen.
28   BGBl. I 1996, S. 2049 (2055 ff.).
29   *Meincke*, ErbStG, Einf. Rn. 15; ausführlich zu den Änderungen 1996 *Gebel* in *Troll/Gebel/Jülicher*, ErbStG, Einf. Rn. 110 ff.

13a, 19a ErbStG a. F.).[30] Allerdings genügten die Bewertungsvorschriften den Anforderungen des Verfassungsrechts abermals nicht. Mit Beschluss vom 7.11.2006[31] erklärte das BVerfG auf Vorlage des BFH[32] das ErbStG für nicht mit Art. 3 Abs. 1 GG vereinbar. Die erbschaftsteuerlichen Bewertungsvorschriften hätten bei wesentlichen Gruppen von Vermögensgegenständen nicht zu einem dem gemeinen Wert angenäherten Steuerwert geführt, was angesichts des Umstandes, dass alle Vermögensarten dem gleichen Tarif (§ 19 Abs. 1 ErbStG) unterlägen, in einer Vielzahl von Fällen gegen den Gleichheitssatz verstoßende Verwerfungen zur Folge habe.[33] Insbesondere auch Betriebsvermögen sei nach dem damaligen Bewertungsregime durch die schlichte Übernahme der Steuerbilanzwerte im Regelfall erheblich unterbewertet worden,[34] was der Gesetzgeber sogar zur Entlastung kleiner und mittlerer Unternehmen beabsichtigt hatte.[35] Allerdings verpflichte der Grundsatz der Bewertungsgleicht nicht zu einer Belastungsgleichheit. Bei den weiteren, sich an die Bewertung anschließenden Schritten zur Bestimmung der Steuerbelastung dürfe der Gesetzgeber auf den gemeinen Wert aufbauen und Lenkungszwecke, etwa in Form zielgenauer und normenklarer steuerlicher Verschonungsregelungen, verfolgen.[36] Zu der Zulässigkeit der bestehenden Begünstigungsvorschriften für Betriebsvermögen äußerte sich das BVerfG ausdrücklich nicht. Es komme für die Verfassungswidrigkeit darauf wegen der anderen bereits festgestellten Verstöße nicht mehr an.[37] Die Verfassungskonformität des seinerzeitigen Begünstigungsregimes wurde jedoch in Literatur und Rechtsprechung prominent bezweifelt.[38]

---

30 Vgl. zu den gegenüber der derzeitigen Regelungen abweichenden Vorschriften *Jülicher* in *Troll/Gebel/Jülicher*, ErbStG, § 13a Rn. 436 ff.; *Meincke*, ErbStG[14], § 13a Rn. 1 ff; § 13a Abs. 1 ErbStG a. F. gewährte einen sachlichen Freibetrag i. H. v. 225.000 €, § 13a Abs. 2 ErbStG gewährte einen Bewertungsabschlag i. H. v. 35 %.

31 BVerfG v. 7.11.2006 – Az. 1 BvL 10/02, BVerfGE 117, S. 1 ff.

32 BFH v. 22.5.2002 – Az. II R 61/99, DStR 2002, S. 1438 – 1448.

33 BVerfG v. 7.11.2006 – Az. 1 BvL 10/02, BVerfGE 117, S. 1 (37).

34 BVerfG v. 7.11.2006 – Az. 1 BvL 10/02, BVerfGE 117, S. 1 (38 ff., 60 ff.).

35 Vgl. bspw. BT-Drs. 13/4839, S. 64 f.

36 BVerfG v. 7.11.2006 – Az. 1 BvL 10/02, BVerfGE 117, S. 1 (1, 69).

37 BVerfG v. 7.11.2006 – Az. 1 BvL 10/02, BVerfGE 117, S. 1 (45).

38 Bspw. *Seer* in DStJG 1999, S. 191 (210); *Bareis/Elser*, DStR 1997, S. 557 (561); *Meincke*, DStR 1996, S. 1305 (1310) stellt die Neuregelung ebenfalls in Frage; auch der BFH ging in seinem Vorlagebeschluss v. 22.5.2002 – Az. II R 61/99, DStR 2002, S. 1438 (1441) von der Verfassungswidrigkeit des bestehenden Begünstigungsregimes aus.

2. Die Reform der ErbSt zum 1.1.2009

Bereits vor der zweiten Entscheidung des BVerfG in Sachen ErbSt, die am 31.1.2007 veröffentlich wurde, beabsichtigten die Parteien der Großen Koalition, CDU, SPD und CSU, mit einer Änderung der ErbSt Unternehmensnachfolgen zu vereinfachen und knüpften damit an Überlegungen aus der voran gegangenen Legislaturperiode an.[39] Den Entwurf eines Gesetzes zur Erleichterung der Unternehmensnachfolge legte die Bundesregierung im November 2006 vor; beabsichtigt war eine Entlastung über die bisherigen Regelungen hinaus unter der Voraussetzung der Betriebsfortführung.[40] Dazu sollte die anfallende ErbSt über zehn Jahre gestundet werden, wobei ein Erlöschen in zehn Jahresraten bei Betriebsfortführung vorgesehen war. Unproduktives Vermögen war von der Privilegierung ausgenommen,[41] wobei die Abgrenzung von produktivem- und unproduktivem Vermögen als praxisfern, wenig sorgfältig und z. T. gar als unmöglich kritisiert wurde.[42]

Eine Zäsur erfuhr die Diskussion durch die Veröffentlichung des besagten BVerfG-Beschlusses, „die erbschaftsteuerliche Welt hat sich [...] schlagartig verändert"[43]. Bewertungsfragen waren nicht Gegenstand des Gesetzentwurfes. Der Beschluss des BVerfG hätte demnach dem Fortschreiten des Verfahrens nicht entgegengestanden;[44] dennoch entschied man sich dazu, eine Erbschaftsteuerreform unter Einbeziehung der Bewertungsfragen vornehmen zu wollen.[45] In der Folge ist nach zahlreichen Verzögerungen und einem zähen politischen Ringen das Erbschaftsteuerreformgesetz[46] zum 1.1.2009 in Kraft getreten.[47] Schon unmittelbar nach dem Inkrafttreten ist die Verfassungskonformität der Regelung bezweifelt und eine neuerliche Befassung des BVerfG mit der ErbSt vorausgesagt worden.[48]

---

39 Ausführlich schildert *Schmitt* in FS Schaumburg, S. 1079 ff. den „mühsame[n] Weg zu einem neuen Erbschaftsteuer und Bewertungsrecht".

40 BR-Drs. 778/06, S. 1 f.

41 BR-Drs. 778/06, S. 1 f.

42 Bspw. *Hey*, JZ 2007, S. 564 (572) meint, der Gesetzgeber versuche etwas Unmögliches; ähnlich *Seer*, StuW 2005, S. 353 (364 f.); *Bäuml*, ZEV 2006, S. 525 (529); *Hannes*, DStR 2006, S. 2058 (2063) begrüßt zwar das Gesetz nach ausführlicher Besprechung, meint jedoch, das Gesetz sei zu sehr von dem Versuch geprägt, vermeintlichen Missbrauchsfällen vorzubeugen; *Birk/Pöllath*, ZRP 2006, S. 209 (210 f.) kritisieren, das Gesetz sei volkswirtschaftlich schädlich.

43 *Schmitt* in FS Schaumburg, S. 1079 (1083).

44 *Schulte*, Erbschaftsteuerrecht, Rn. 10.

45 Vgl. insb. BR-Drs. 107/07.

46 BStBl. I 2008, S. 3018 ff.

47 Zum Gesetzgebungsverfahren und dem Streit um die Reform vgl. *Schmitt* in FS Schaumburg, S. 1079 ff.; *Schulte*, Erbschaftsteuerrecht, Rn. 10 ff; *Moench/Albrecht*, Erbschaftsteuer, Rn. 18 ff.; *Jülicher* in *Troll/Gebel/Jülicher*, ErbStG, § 13a Rn. 4 ff.

48 *Landsittel*, ZErb 2009, S. 11 (21); *Lang* sah eine neuerliche Befassung bereits während der Reformdiskussion voraus, StuW 2008, S. 189 (189); ebenso *Schmitt* in FS Schaumburg, S. 1079 (1102 f.).

Nach dem Regierungswechsel gab die neue Bundesregierung das Ziel aus, „schnell und effektiv Wachstumshemmnisse zu beseitigen"[49], welches mit dem Wachstumsbeschleunigungsgesetz[50] verfolgt wurde. Die Systematik der Verschonungstatbestände blieb unverändert, die Grenzwerte und Fristen im Rahmen der Begünstigungsvorschriften §§ 13a, 13b erfuhren jedoch eine deutliche Entschärfung; zudem sanken die Steuersätze in Steuerklasse II.[51]

II. Voraussetzungen der sachlichen Steuerbefreiung für Betriebsvermögen

Die §§ 13a, 13b ErbStG gewähren unter den dort normierten Voraussetzungen eine weitgehende sachliche Steuerbefreiung für Betriebsvermögen, Betriebe der Land- und Forstwirtschaft und Anteile an Kapitalgesellschaften.[52] Der Gesetzgeber möchte „dem Gemeinwohl dienende Vermögen" angemessen begünstigen und entlastet daher die Erwerber von Unternehmen, bei denen im Zuge des Betriebsübergangs die Arbeitsplätze weitgehend gesichert werden.[53] Dabei sieht § 13a ErbStG zwei verschiedene Befreiungsmodelle vor: die Regelverschonung, nach welcher bei Berechnung der Steuer 85 % des begünstigungsfähigen Vermögens außer Ansatz bleibt, und die Optionsverschonung, welche eine vollständige Verschonung ermöglicht.

1. Regelverschonung

Der Gesetzgeber geht davon aus, dass im Hinblick auf die weit reichenden Möglichkeiten, gewillkürtes Betriebsvermögen zu schaffen, in jedem Betrieb zu einem gewissen Teil nicht begünstigungswürdiges Vermögen vorhanden ist.[54] Er setzt diesen Anteil pauschal mit 15 % an. § 13a Abs. 1 i. V. m. § 13b Abs. 4 ErbStG gewährt deshalb für begünstigungsfähiges Vermögen lediglich einen Verschonungsabschlag von 85 % (Regelverschonung).

---

49 Koalitionsvertrag zwischen CDU, FDP und CSU v. 26.10.2009, S. 11, abrufbar unter: http://www.cdu.de/doc/pdfc/091026-koalitionsvertrag-cducsu-fdp.pdf (6.8.2012, 10.33 Uhr).

50 BGBl. 2009, S. 3950.

51 *Herzig/Bohn*, DStR 2009, S. 2341 ff. (2348 f.); *Schulte*, Erbschaftsteuerrecht, Rn. 14; vgl. zu den geringfügigen Änderungen seitdem *Meincke*, ErbStG, § 13a Rn. 1; § 13b Rn. 1.

52 Neben §§ 13a, 13b ErbStG sieht das ErbStG als weitere Begünstigungen eine Tarifverschonung, § 19a ErbStG, und eine besondere Stundungsmöglichkeit, § 28 Abs. 1 ErbStG, vor.

53 BT-Drs. 16/7918, S. 23.

54 BT-Drs. 16/7918, S. 24.

a) Begünstigungsfähiges Vermögen

Nur Erwerber von Produktivvermögen[55] sollen die Vergünstigung in Anspruch nehmen können, wozu der Gesetzgeber gem. § 13b Abs. 1 land- und forstwirtschaftliches Vermögen (Nr. 1),[56] Betriebsvermögen (Nr. 2) und Anteile an Kapitalgesellschaften (Nr. 3) zählt. Zur näheren Bestimmung des Betriebsvermögensbegriffs verweist § 13b Abs. 1 Nr. 2 ErbStG auf die §§ 95 bis 97 BewG. Diese Vorschriften verweisen weiter in das EStG, insb. § 15 Abs. 1, 2 EStG (§ 95 BewG) und § 15 Abs. 3 EStG (§ 97 Abs. 1 Nr. 5 BewG) Der erbschaftsteuerliche Begriff des Betriebsvermögens ist also mit dem ertragsteuerlichen Begriff identisch. Damit wird neben dem notwendigen und gewillkürten Betriebsvermögen eines Einzelunternehmers auch das notwendige und gewillkürte Betriebsvermögen einer Mitunternehmerschaft sowie das Sonderbetriebsvermögen I und II der Mitunternehmer umfasst.[57] Notwendig ist allerdings, dass das in Frage stehende Vermögen bei dem Erwerber Betriebsvermögen bleibt und mit einem ganzen Gewerbebetrieb, einem Teilbetrieb oder dem Mitunternehmeranteil übergeht.[58]

Gem. § 13b Abs. 1 Nr. 3 ErbStG gehören auch Anteile an Kapitalgesellschaften zum begünstigungsfähigen Vermögen, wenn der Erblasser oder Schenker am Nennkapital der Gesellschaft zu mehr als 25 Prozent beteiligt ist. Die Einhaltung dieser Mindestbeteiligungsgrenze wertet der Gesetzgeber als Indiz dafür, dass der Anteilseigner unternehmerisch in die Gesellschaft eingebunden ist, seine Rolle also über die eines bloßen Kapitalgebers hinausgeht.[59] Gem. § 13b Abs. 1 Nr. 3 S. 2 ErbStG kann auch eine geringere Beteiligung begünstigt

---

55 Die Begrifflichkeit knüpft an den Regierungsentwurf eines Gesetzes zur Erleichterung der Unternehmensnachfolge, BR-Drs. 778/06, an. Das Gegenteil des Produktivvermögens ist Verwaltungsvermögen, vgl. § 13b Abs. 2 ErbStG.

56 Vgl. dazu *Jülicher* in *Troll/Gebel/Jülicher*, ErbStG, § 13b Rn. 1 – 55; *Geck* in *Kapp/Ebeling*, ErbStG, § 13b Rn. 7 – 13; *Riedel* in *Daragan/Halaczinsky/Riedel* (Hrsg.), ErbStG, § 13b Rn. 21 ff.; *S. Viskorf* in *Viskorf/Knobel/Schuck,* ErbStG, § 13b Rn. 31 ff.

57 *Schulte*, Erbschaftsteuerrecht, Rn. 712; *Meincke*, ErbStG, § 13b Rn. 4; *Geck* in *Kapp/Ebeling*, ErbStG, § 13b Rn. 15 ff.; *Jülicher* in *Troll/Gebel/Jülicher*, ErbStG, § 13b Rn. 56 ff; *S. Viskorf* in *Viskorf/Knobel/Schuck,* ErbStG, § 13b Rn. 79 ff.; *Riedel* in *Daragan/Halaczinsky/Riedel* (Hrsg.), ErbStG, § 13b Rn. 32 ff.

58 *Meincke*, ErbStG, § 13b Rn. 5; *Geck* in *Kapp/Ebeling*, ErbStG, § 13b Rn. 15; *Jülicher* in *Troll/Gebel/Jülicher*, ErbStG, § 13b Rn. 5; *S. Viskorf* in *Viskorf/Knobel/Schuck,* ErbStG, § 13b Rn. 7; *Riedel* in *Daragan/Halaczinsky/Riedel* (Hrsg.), ErbStG, § 13b Rn. 42 ff.

59 BT-Drs. 16/7918, S. 35, wo darauf hingewiesen wird, dass anderenfalls eine Begünstigung nicht zu rechtfertigen sei, denn der Fortbestand einer Kapitalgesellschaft und der mit ihrer ausgeübten Tätigkeit zusammenhängenden Arbeitsplätze sei weitgehend unabhängig von dem Gesellschafterbestand.

sein, wenn eine Poolvereinbarung mit anderen Gesellschaftern besteht und die so gebundenen Gesellschafter insgesamt die Mindestbeteiligungsquote erreichen.[60]

b) Verwaltungsvermögen unterhalb der Schädlichkeitsgrenze

Der Gesetzgeber möchte Vermögen, „das in erster Linie der weitgehend risikolosen Renditeerzielung dient und in der Regel weder die Schaffung von Arbeitsplätzen noch zusätzliche volkswirtschaftliche Leistungen bewirkt" nicht begünstigen.[61] Die alte Rechtslage ermöglichte es allerdings, Privatvermögen, bspw. Immobilien und Geldvermögen, als gewillkürtes Betriebsvermögen in eine gewerblich geprägte Personengesellschaft einzulegen und auf diesem Wege begünstigungsfähiges Betriebsvermögen zu schaffen,[62] es bestand damit faktisch ein „Besteuerungswahlrecht"[63]. Um derartige Gestaltungen unmöglich zu machen, wird Betriebsvermögen von der Privilegierung ausgenommen, wenn es zu mehr als 50 % aus Verwaltungsvermögen besteht. Was der Gesetzgeber zu dem nicht begünstigungswürdigen Verwaltungsvermögen zählt, ist der abschließenden[64] Auflistung in § 13b Abs. 2 Nr. 1 – 5 zu entnehmen: Dazu gehören insbesondere Dritten zur Nutzung überlassene Grundstücke (Nr. 1), Anteile an Kapitalgesellschaften, wenn die Beteiligung weniger als 50 % ausmacht (Nr. 2), Anteile an Personen- und Kapitalgesellschaften, deren Verwaltungsvermögen mehr als 25 % beträgt (Nr. 3) sowie Wertpapiere und vergleichbare Forderungen (Nr. 4).[65] Um kurz vor dem geplanten Übergang ein „Auffüllen"[66] bis knapp unterhalb der Schädlichkeitsgrenze und eine damit einhergehende Privilegierung von Verwaltungsvermögen zu vermeiden („Mitnahme-

---

60 Vgl. zur Poolvereinbarung *Meincke*, ErbStG, § 13b Rn. 8; *Geck* in *Kapp/Ebeling*, ErbStG, § 13b Rn. 55 ff.; *Jülicher* in *Troll/Gebel/Jülicher*, ErbStG, § 13b Rn. 205 ff; *S. Viskorf* in *Viskorf/Knobel/Schuck*, ErbStG, § 13b Rn. 121 ff.; *Riedel* in *Daragan/Halaczinsky/Riedel* (Hrsg.), ErbStG, § 13b Rn. 108 ff.; ausführlich mit Gestaltungshinweisen dazu *Langenfeld*, ZEV 2009, S. 596 ff; die Auffassung der Finanzverwaltung legt *Hannes*, NZG 2011, S. 1245 (1246 ff.) dar. Lt. BT-Drs. 16/7918, S. 35 soll auf diesem Wege auch den Erwerbern von Anteilen an Familiengesellschaften, deren Anteile über mehrere Generationen hinweg weitergegeben wurden und dabei zersplittert, also unter die Quote von 25 % herabgesunken, sind, die Möglichkeit des begünstigten Erwerbs eröffnet werden.

61 BT-Drs. 16/7918, S. 35.

62 S. detailliert dazu *Stahl*, NJW 2000, S. 3100 ff.; vgl. dazu auch BT-Drs. 16/7918, S. 35.

63 *Geck*, ZEV 2009, S. 601 (601).

64 *Meincke*, ErbStG, § 13b Rn. 12; *Jülicher* in *Troll/Gebel/Jülicher*, ErbStG, § 13b Rn. 233; *Piltz*, ZEV 2008, S. 229 (231); *S. Viskorf* in *Viskorf/Knobel/Schuck*, ErbStG, § 13b Rn. 163; *Geck* in *Kapp/Ebeling*, ErbStG, § 13b Rn. 86; *Riedel* in *Daragan/Halaczinsky/Riedel* (Hrsg.), ErbStG, § 13b Rn. 154.

65 Näher dazu: *Meincke*, ErbStG, § 13b Rn. 12 ff.; *Jülicher* in *Troll/Gebel/Jülicher*, ErbStG, § 13b Rn. 246 ff.; *S. Viskorf* in *Viskorf/Knobel/Schuck*, ErbStG, § 13b Rn. 165 ff; *Geck* in *Kapp/Ebeling*, ErbStG, § 13b Rn. 87 ff; *Riedel* in *Daragan/Halaczinsky/Riedel* (Hrsg.), ErbStG, § 13b Rn. 150 ff; mit Beispielen *Piltz*, ZEV 2008, S. 229 ff.

66 *Schulte*, Erbschaftsteuerrecht, Rn. 743; *Moench/Albrecht*, Erbschaftsteuer, Rn. 867.

Effekt"), nimmt § 13b Abs. 2 S. 3 ErbStG Verwaltungsvermögen von der Begünstigung aus, welches dem Betrieb weniger als zwei Jahre zuzurechnen war.[67]

c) Mindestlohnsumme und Wahrung der Behaltensfrist

Der Gesetzgeber möchte Unternehmenskontinuität fördern und auf diesem Wege Arbeitsplätze sichern. Die Steuerverschonung wird deshalb nur unter der Bedingung gewährt, dass der Erwerber das Unternehmen fortführt. Ein geeigneter Indikator zur Überwachung dieses Erfordernisses sei die Lohnsumme.[68] Demgemäß macht § 13a Abs. 1 S. 2 ErbStG zur Voraussetzung, dass die Summe der maßgebenden jährlichen Lohnsummen[69], des Betriebes, bzw. des Betriebes der Gesellschaft, an der Anteile erworben wurden, innerhalb von fünf Jahren nach dem Erwerb (Lohnsummenfrist) insgesamt 400 % der Ausgangslohnsumme nicht unterschreitet.[70] Auf die Lohnsumme kommt es nicht an, wenn der Betrieb weniger als 20 Beschäftigte hat (§ 13a Abs. 1 S. 4 ErbStG). Weiterhin darf der Erwerber innerhalb einer Frist von fünf Jahren nicht gegen die Behaltensregelungen, welche in § 13a Abs. 5 ErbStG aufgestellt werden, verstoßen.[71] Geschieht dies, entfallen Verschonungsabschlag und der gleitende Abzugsbetrag zeitanteilig.[72]

2. Optionsverschonung

Statt der Regelverschonung kann der Steuerpflichtige gem. § 13a Abs. 8 ErbStG auch eine Verschonung von 100 % erreichen (Optionsverschonung). Im Vergleich zu der Regelverschonung muss der Erwerber hierzu höhere Voraussetzungen erfüllen: Innerhalb einer Frist von sieben Jahren darf eine Mindestlohnsumme von 700 % nicht unterschritten werden (Nr.

---

67 Näher dazu: *Meincke*, ErbStG, § 13b Rn. 22.; *Jülicher* in *Troll/Gebel/Jülicher*, ErbStG, § 13b Rn. 325 ff..; *S. Viskorf* in *Viskorf/Knobel/Schuck,* ErbStG, § 13b Rn. 251 ff.; *Geck* in *Kapp/Ebeling*, ErbStG, § 13b Rn. 80 ff; *Riedel* in *Daragan/Halaczinsky/Riedel* (Hrsg.), ErbStG, § 13b Rn. 236 ff.

68 BT-Drs. 16/7918, S. 33, 35.

69 Eine Legaldefinition enthält § 13a Abs. 4 ErbStG.

70 Näher dazu: *Meincke*, ErbStG, § 13a Rn. 19 ff.; *Jülicher* in *Troll/Gebel/Jülicher*, ErbStG, § 13a Rn. 19 ff.; *S. Viskorf* in *Viskorf/Knobel/Schuck,* ErbStG, § 13b Rn. 36 ff.; *Geck* in *Kapp/Ebeling*, ErbStG, § 13b Rn. 21 ff; zu Konkretisierungen durch die ErbStR 2011 vgl. *Weber/Schwind*, ZEV 2012, S. 88 ff.

71 Unzulässig ist beispielsweise die Veräußerung des Betriebes oder die Aufgabe desselben (§ 13a Abs. 5 Nr. 1 S. 1 ErbStG), die Veräußerung wesentlicher Betriebsgrundlagen oder die Überführung in das Privatvermögen (§ 13a Abs. 5 Nr. 1 S. 2 ErbStG) oder Überentnahmen (§ 13a Abs. 5 Nr. 3 ErbStG).

72 Näher dazu: *Meinke*, ErbStG, § 13a Rn. 23 ff.; *Jülicher* in *Troll/Gebel/Jülicher*, ErbStG, § 13a Rn. 131 ff.; *S. Viskorf* in *Viskorf/Knobel/Schuck,* ErbStG, § 13a Rn. 131 ff.; *Geck* in *Kapp/Ebeling*, ErbStG, § 13a Rn. 68 ff.; *Riedel* in *Daragan/Halaczinsky/Riedel* (Hrsg.), ErbStG, § 13a Rn. 260 ff.

1) und die Behaltensfrist des § 13a Abs. 5 ErbStG wird auf sieben Jahre ausgedehnt (Nr. 2). Zudem darf der Anteil an dem Verwaltungsvermögen nicht mehr als 10 % betragen (Nr. 3).[73]

3. Gleitender Abzugsbetrag (§ 13a Abs. 2 ErbStG)

Letztlich gewährt § 13a Abs. 2 ErbStG einen gleitenden Abzugsbetrag, der innerhalb von zehn Jahren pro Erwerber und Erwerbsfall nur einmal in Anspruch genommen werden kann. Er ist auf das Vermögen anzuwenden, welches nicht von der 85 %-Begünstigung gem. § 13a ErbStG i. V. m. § 13b Abs. 4 umfasst ist, läuft also im Falle der Vollverschonung leer. Die Regelung zielt auf Verwaltungsvereinfachung; sie soll eine aufwändige Überwachung von Klein- und Kleinstbetrieben überflüssig machen und schmilzt daher mit zunehmender Größe des Unternehmens ab.[74]

4. Zusammenfassung

Mit den §§ 13a, 13b ErbStG i. d. F. des Wachstumsbeschleunigungsgesetzes eröffnet der Gesetzgeber den Erwerbern von Betriebsvermögen die Möglichkeit eines weitgehend oder gar vollständigen erbschaft- und schenkungsteuerneutralen Übergangs. Voraussetzung für die Privilegierung soll es nach Maßgabe des Gesetzgebers sein, dass es sich um „dem Gemeinwohl dienendes Vermögen"[75] handelt. Der Gesetzgeber betrachtet besonders Betriebsvermögen als solches und knüpft für die Qualifizierung an ertragsteuerliche Begriffe an. Allerdings ist der Steuerpflichtige durch die Schaffung von gewillkürtem Betriebsvermögen weitgehend selbst in der Position, zu entscheiden, welche Vermögegengegenstände zum Betriebsvermögen gehören. Durch einfache Maßnahmen kann prinzipiell nicht begünstigungsfähiges Privatvermögen in begünstigungsfähiges Betriebsvermögen umgewandelt werden. Diese Methode war vor der Erbschaftsteuerreform 2009 gängig, um für unproduktives Vermögen Steuervergünstigungen in Anspruch zu nehmen.[76] Solchen Gestaltungen möchte der Gesetzgeber durch §13b Abs. 2 ErbStG begegnen. Übersteigt der Anteil am Verwaltungsvermögen 50 %, kommt eine Privilegierung nicht mehr in Betracht. Das Aufstellen weiterer Voraussetzungen, wie die Einhaltung einer Mindestlohnsumme und einer Behaltensfrist,[77] sollen den

---

73 Näher dazu: *Meincke*, ErbStG, § 13a Rn. 38 ff.; *Jülicher* in *Troll/Gebel/Jülicher*, ErbStG, § 13a Rn. 411 ff.; *S. Viskorf* in *Viskorf/Knobel/Schuck*, ErbStG, § 13a Rn. 137 ff.; *Geck* in *Kapp/Ebeling*, ErbStG, § 13a Rn. 135 ff; *Riedel* in *Daragan/Halaczinsky/Riedel* (Hrsg.), ErbStG, § 13a Rn. 294 ff.

74 BT-Drs. 16/7918, S. 34 f.

75 BT-Drs. 16/7928.

76 *Moench/Albrecht*, Erbschaftsteuer[1], Rn. 199, 502.

77 Vgl. dazu die zusammenfassende Grafik bei *Tölle*, SteuK 2012, S. 70 (70).

Erwerber von Betriebsvermögen nach dem Übergang dazu zwingen, das Vermögen weiterhin im Sinne der Zielrichtung des Gesetzes einzusetzen.

2. Teil: Gestaltungsmöglichkeiten

Allerdings ist sehr zweifelhaft, ob durch Normen, seien sie auch noch so ausdifferenziert, eine trennscharfe Unterscheidung zwischen „gutem" Vermögen, welches eine Freistellung nach Vorstellung des Gesetzgebers verdient, und „schlechtem", der Privilegierung nicht würdigem Vermögen, vorgenommen werden kann. Der BFH ist offenbar der Ansicht, dass die entsprechenden Abgrenzungsregelung § 13b Abs. 2 ErbStG ihren Zweck nur sehr unvollkommen erfüllt. Seiner Ansicht nach ließen es die §§ 13a, 13b ErbStG zu, Vermögen jeder Art in jeder Höhe von Todes wegen oder durch Schenkung unter Lebenden ohne Anfall der ErbSt zu erwerben, wenn der Erblasser oder Schenker nur eine geeignete Gestaltung wählte. Auf eine besondere Gemeinwohlverpflichtung und -bindung, deren Sicherstellung § 13b ErbStG gerade dienen solle, komme es dabei nicht an.[78]

I. Die Gestaltungen im Einzelnen

Der BFH zählt, um seine These mit Beispielen zu belegen, „wesentliche in der Praxis verwendete Ansätze"[79] „außerordentlich anschaulich"[80] auf, mit Hilfe derer die Begünstigungsvorschriften in einer Weise, die der Intention des Gesetzgebers nicht entspreche, auch für unproduktives Vermögen nutzbar gemacht werden könnten. Der Umstand, dass der BFH § 42 AO in dem Beschluss nicht angesprochen hat, wird ganz überwiegend als Hinweis darauf verstanden, dass der BFH die genannten Gestaltungen nicht unter § 42 AO subsumieren wolle.[81]

1. Festgeld-GmbH & Co. KG und Cash-GmbH[82]

Eine gewerblich geprägte Personengesellschaft liegt vor, wenn bei einer Personengesellschaft, die keine originär gewerbliche Tätigkeit i. S. d. § 15 Abs. 1 S. 1 Nr. 1 EStG ausübt,

---

78 BFH v. 5.10.2011 Az. II R/11, BeckRS 2011, 967753 Rn. 9.

79 *Blumers*, DB 2012, S. 1228 (1229); *Pahlke*, BFH/PR 2012, S. 58 (59) zur Folge handelt es sich um „in der Beratungspraxis durchaus geläufige Gestaltungsmöglichkeiten"; auch *Geck*, NZG 2012, S. 93 (93) zur Folge seien die erwähnten Gestaltungsvorschläge in der Beratungspraxis anzutreffen.

80 *Wachter,* DStR 2011, 2331 (2332).

81 *Geck*, NZG 2012, S. 93 (94); *Crezelius*, ZEV 2012, S. 1 (5); *Pahlke,* BFH/PR 2012, S. 58 (59); *Feick/Weber*, BB 2012, S. 747 (750); *Wachter*, DStR 2011, S. 2331 (2333); *Eisele*, Die Steuerwarte, 73 (76); *Blumers*, DB 2012, S. 1228 (1229); *Hannes*, ZEV 2011, S. 675 (676).

82 Vgl. dazu BFH v. 5.10.2011 Az. II R/11, BeckRS 2011, 967753 Rn. 10 – 12; *Pahlke*, BFH/PR 2012, S. 58 (59); *Theilacker*, BWNotZ 2012, S. 2 (3 f.); *Wachter*, DStR 2011, S. 2331 (2333); *Eisele*, Die Steuerwarte 2012, S. 73 (74).

sondern typischerweise eine rein vermögensverwaltende Gesellschaft ist,[83] ein oder mehrere Kapitalgesellschaften persönlich haftende Gesellschafter sind und nur diese oder Nicht-Gesellschafter zur Geschäftsführung befugt sind (§ 15 Abs. 3 Nr. 2 EStG).[84] Durch einfachste Gestaltung kann die Erfüllung des Tatbestands des § 15 Abs. 3 Nr. 2 EStG erreicht oder vermieden werden, so dass es letztlich der Wahl des Steuerpflichtigen obliegt, ob eine gewerblich geprägte Personengesellschaft vorliegt oder nicht.[85] Ausdrücklich bezieht § 13b Abs. 1 Nr. 2 ErbStG i. V. m. § 97 Abs. 1 Nr. 5 BewG Betriebsvermögen bei dem Erwerb einer Gesellschaft i. S. v. § 15 Abs. 3 EStG in den Kreis des begünstigungsfähigen Vermögens ein, obwohl die Tätigkeit dieser Gesellschaften lediglich als Gewerbebetrieb *gilt*, also durch eine gesetzliche Fiktion herbei geführt wird, ohne dass damit zwingend eine gewerbliche Tätigkeit einhergehen muss. Prinzipiell sind also Vermögensgegenstände, die dem Betriebsvermögen einer gewerblich geprägten Personengesellschaft zugeordnet sind, begünstigungsfähig, obwohl es im Eigentum einer vermögensverwaltenden, nicht gewerblich tätigen, aber gewerblich geprägten Personengesellschaft steht. Allein dies macht das Vermögen der gewerblich geprägten Personengesellschaft folglich noch nicht zu Verwaltungsvermögen.

Eine Begünstigung scheidet indes aus, wenn die Verwaltungsvermögensgrenzen von 50 % (§ 13b Abs. 2 S. 1 ErbStG) bzw. 10 % (§ 13a Abs. 8 Nr. 3 ErbStG) überschritten werden. Was als Verwaltungsvermögen gilt, ist abschließend in § 13b Abs. 2 S. 2 ErbStG geregelt.[86] Dazu zählen insbesondere Dritten zur Nutzung überlassene Grundstücke (§ 13b Abs. 2 S. 1 ErbStG). Eine gewerblich geprägte Personengesellschaft, die überwiegend vermietet und verpachtet, kann demnach die Privilegierung nicht in Anspruch nehmen.[87] Weiterhin zählen zum Verwaltungsvermögen Beteiligungen an Kapitalgesellschaften, wenn die unmittelbare Beteiligung am Nennkapital 25 % oder weniger beträgt (Nr. 2) und Beteiligungen an Personen- oder Kapitalgesellschaften, die überwiegend Verwaltungsvermögen halten (Nr. 3).

Auch Wertpapiere und vergleichbare Forderungen werden zum Verwaltungsvermögen gezählt (Nr. 4). Die Finanzverwaltung legt den Begriff der vergleichbaren Forderung eng aus: Demnach seien vergleichbare Forderungen i. S. d. § 13b Abs. 2 Nr. 4 ErbStG solche, über die

---

83   Vgl. dazu *Birk*, Steuerrecht, Rn. 1120.

84   Vgl. dazu *Hey* in *Tipke/Lang*, Steuerrecht, § 18 Rn. 36; *Birk*, Steuerrecht, Rn. 1119; dazu unter Darlegung der Rechtsentwicklung *Knobbe-Keuk*, Bilanz- und Unternehmenssteuerrecht, S. 374 ff.

85   *Hey* in *Tipke/Lang*, Steuerrecht, § 18 Rn. 36, *Birk*, Steuerrecht, Rn. 1119, *Wacker* in *Schmidt*, EStG, § 15 Rn. 214.

86   *Meincke*, ErbStG, § 13b Rn. 12; *Jülicher* in *Troll/Gebel/Jülicher*, ErbStG, § 13b Rn. 233; *Piltz*, ZEV 2008, S. 229 (231); *S. Viskorf* in *Viskorf/Knobel/Schuck*, ErbStG, § 13b Rn. 163; *Geck* in *Kapp/Ebeling*, ErbStG, § 13b Rn. 86; *Riedel* in *Daragan/Halaczinsky/Riedel* (Hrsg.), ErbStG, § 13b Rn. 154.

87   *Theilacker*, BWNotZ 2012, S. 2 (4); gerade diese Gestaltung wollte der Gesetzgeber auch vermeiden, vgl. BT-Drs. BT-Drs. 16/7918, S. 35.

keine Urkunden ausgegeben werden, die gem. § 2 Abs. 1 WpHG aber als Wertpapiere gelten. Keine Wertpapiere in diesem Sinne sind kaufmännische Orderpapiere. Als Beispiele für Wertpapiere und vergleichbare Forderungen nennt die Finanzverwaltung Pfandbriefe, Schuldbuchforderungen, Geldmarktfonds und Festgeldfonds; weder zum Kreis der Wertpapiere noch zu dem der vergleichbaren Forderungen seien Geld, Sichteinlagen, Spareinlagen, Festgeldkonten, Forderungen an verbundene Unternehmen und Ansprüche aus Rückdeckungsversicherungen zu zählen.[88]

Obwohl diese Interpretation des Begriffes „Wertpapiere und vergleichbare Forderungen", dessen Unschärfe vielfach kritisiert wurde,[89] zum Teil mit Blick auf die verfassungsrechtliche Notwendigkeit einer gemeinwohlkonformen Ausgestaltung von Verschonungstatbeständen für nicht zwingend gehalten wird,[90] findet sie doch ganz überwiegend Zustimmung.[91] Damit können insbesondere Geld, Spareinlagen und Festgeld als Bestandteil des Betriebsvermögens einer vermögensverwaltenden, aber gewerblich geprägten, Personengesellschaft mittelbar, nämlich bei dem Erwerb einer Beteiligung an dieser Gesellschaft privilegiert, im Falle der Optionsverschonung sogar gänzlich steuerfrei, übergehen. Zählen derartige Vermögensgegenstände nicht zu einem Betriebsvermögen, sondern zu einem Privatvermögen, unterfallen diese ohne Zweifel in vollem Umfange der Steuer.[92]

Um die Funktionsweise der Gestaltung zu verdeutlichen, bedient sich der BFH eines Beispiels: Demnach könne ein Anteil an einer gewerblich geprägten Personengesellschaft, deren Betriebsvermögen zu 100 Mio. Euro aus Festgeldguthaben bestehe, unter Inanspruchnahme der hundertprozentigen Verschonung (§ 13a Abs. 8 ErbStG) ohne das Erbschaft- oder Schenkungsteuer anfalle und ohne dass dieses Vermögen einer besonderen Gemeinwohlbindung oder Gemeinwohlverpflichtung unterliege, wie das BVerfG es 1995 gefordert hatte,[93] erworben werden. Auch die Fortführungsvoraussetzung der Lohnsummenkontrolle (§ 13a Abs. 1, 4 ErbStG) spiele keine Rolle, da eine solche Gesellschaft im Regelfall nicht mehr als

---

88 ErbStR 2011 R E 13 b. 17.

89 *Geck* in *Kapp/Ebeling*, ErbStG, § 13b Rn. 129; *Jülicher* in *Troll/Gebel/Jülicher*, ErbStG, § 13b Rn. 311; *S. Viskorf* in *Viskorf/Knobel/Schuck,* ErbStG, § 13b Rn. 188; andeutungsweise auch *Meincke*, ErbStG, § 13b Rn. 20.

90 *Wachter*, DStR 2331 (2333); *Crezelius*, ZEV 2012, S. 1 (3).

91 *Geck* in *Kapp/Ebeling*, ErbStG, § 13b Rn. 129 meint, der Begriff sei als Teil einer Ermächtigungsgrundlage der Eingriffsverwaltung eng auszulegen; *Wachter*, DStR 2331 (233), *Hannes/Onderka*, ZEV 2008, S. 16 (22); *Jülicher* in *Troll/Gebel/Jülicher*, ErbStG, § 13b Rn. 311; wohl auch *Riedel* in *Daragan/Halaczinsky/Riedel* (Hrsg.), ErbStG, § 13b Rn. 230; *S. Viskorf* in *Viskorf/Knobel/Schuck*, ErbStG, § 13b Rn. 196.

92 BFH v. 5.10.2011 Az. II R/11, BeckRS 2011, 967753 Rn. 11.

93 BVerfG v. 22.6.1995 – Az. 2 BvR 552/91, BVerfGE 93, S. 165 (S. 175 f.).

20 Beschäftigte habe und deshalb von dem Erfordernis befreit sei (§ 13a Abs. 1 S. 4 ErbStG).[94] Dasselbe Ergebnis lasse sich auch erreichen, so der BFH, wenn Anteile an einer GmbH, an der ein Erblasser oder Schenker zu mehr als 25 % beteiligt ist (§ 13b Abs. 1 Nr. 3 ErbStG), übertragen werden und das Betriebsvermögen lediglich aus Geldforderungen besteht, die Wertpapieren nicht vergleichbar sind (sog. Cash-GmbH).[95]

2. Schwestergesellschaften[96]

Unter Zuhilfenahme des Modells der Festgeld-GmbH & Co. KG bzw. der Cash-GmbH können jedoch lediglich Geld, Festgeld und Spareinlagen, nicht aber Beteiligungen an Kapitalgesellschaften, die kleiner als 25 % sind, Grundstücke und andere Vermögensbestandteile, die ausdrücklich in den Katalog des Verwaltungsvermögens aufgenommen wurden, erbschaftsteuerneutral übertragen werden. Allerdings zeigt der BFH weiterhin auf, dass auch solche Vermögengegenstände, die der Gesetzgeber ausdrücklich nicht begünstigen möchte (§ 13b Abs. 1 Nr. 1 u. 2 ErbStG), erbschaftsteuerneutral übertragen werden können. Ansatzpunkt ist abermals § 13b Abs. 2 Nr. 4 ErbStG. Nach Ansicht der Finanzverwaltung,[97] die ganz überwiegend Zustimmung gefunden hat,[98] sind Geldforderungen nicht zum Kreise der Wertpapiere bzw. der vergleichbaren Forderungen zu zählen. Abermals öffnet sich durch die unvollkommene Legaldefinition des Verwaltungsvermögens eine Flanke, die Gestaltungen ermöglicht, welche der Absicht des Gesetzgebers, Vermögen, welches in „erster Linie der weitgehend risikolosen Renditeerzielung dient"[99] von der Begünstigung auszunehmen, zuwiderläuft:

Hierzu bedarf es zweier vermögensloser GmbHs (GmbH 1 und GmbH 2). In GmbH 1 bringt der Übertragende Grundvermögen, Wertpapiere, ggf. auch Kunstgegenstände (§ 13b Abs. 2 Nr. 5 ErbStG), oder jeden anderen beliebigen Gegenstand ein. Die Gegenstände werden damit bei der GmbH zu grds. begünstigungsfähigem Betriebsvermögen (§ 97 BewG), denn das Vermögen einer in § 97 Abs. 1 Nr. 1 BewG genannten Körperschaft ist stets in

---

94   BFH v. 5.10.2011 Az. II R/11, BeckRS 2011, 967753 Rn. 12.
95   BFH v. 5.10.2011 Az. II R/11, BeckRS 2011, 967753 Rn. 13.
96   Vgl. dazu BFH v. 5.10.2011 Az. II R/11, BeckRS 2011, 967753 Rn. 14 – 15; *Pahlke*, BFH/PR 2012, S. 58 (59); *Theilacker*, BWNotZ 2012, S. 2 (4 f.); *Wachter*, DStR 2011, S. 2331 (2333); *Eisele*, Die Steuerwarte 2012, S. 73 (74); *Riedel* in *Daragan/Halacinzky/Riedel* (Hrsg.), ErbStG, § 13b Rn. 269; bereits zuvor wies *Piltz*, DStR 2010, 1913 (1916) auf diese Gestaltung hin.
97   ErbStR 2011 R E 13 b. 17.
98   Vgl. FN 91.
99   BT-Drs. 16/7918.

vollem Umfange Betriebsvermögen.[100] Damit ist es grundsätzlich begünstigungsfähig, wenn es auch zunächst als steuerschädliches Verwaltungsvermögen zu qualifizieren wäre. Nun verkauft die GmbH 1 diese Vermögensgegenstände unter Stundung des Kaufpreises an die GmbH 2. Der GmbH 2 kommt dann im Zeitpunkt des Entstehens der Steuer (§ 9 ErbStG), gleich ob dieser durch Schenkung unter Lebenden oder durch Todesfall eintritt, kein Wert zu. Eine Saldierung von Aktivvermögen (Vermögensgegenstände) und Passivvermögen (Kaufpreisverpflichtung gegenüber GmbH 1) ergibt Null. Der Erwerber der GmbH 1, in deren Vermögen sich die Kaufpreisforderung befindet, kann die Begünstigungsregelungen der §§ 13a, 13b ErbStG in Anspruch nehmen, denn Kaufpreisforderungen zählen nicht zum Verwaltungsvermögen. Die Arbeitsplatzklausel spielt auch hier regelmäßig keine Rolle, denn eine GmbH, deren Betriebsvermögen lediglich aus einer Kaufpreisforderung besteht, wird wohl nicht mehr als 20 Mitarbeiter beschäftigen.

3. Betriebsaufspaltung zur Umgehung der Lohnsummenkontrolle[101]

Neben den Ausschlussregeln für Verwaltungsvermögen und der in § 13a Abs. 5 ErbStG festgelegten Behaltensfrist, soll das Erfordernis zur Einhaltung der Lohnsummenregelung die Fortführung des Betriebes nach Gewährung der Steuerbegünstigung sicherstellen. Nur bei dessen Fortführung werde der Gemeinwohlzweck, die Erhaltung von Arbeitsplätzen, erreicht.[102] Allerdings zeigt der BFH auf, wie dieses zentrale Instrument durch simple kautelarjuristische Gestaltung umgangen werden kann:

Ein geeignetes Mittel hierzu ist die Betriebsaufspaltung.[103] Ansatzpunkte der Umgehung sind § 13a Abs. 1 S. 4 ErbStG, wonach das Lohnsummenkriterium nicht maßgeblich ist, wenn der Betrieb weniger als 20 Beschäftigte hat, und § 13b Abs. 2 Nr. 1 S. 2 lit. a) ErbStG, der Grundstücke, die Dritten zur Nutzung überlassen sind, von der Qualifikation als steuerschädliches Verwaltungsvermögens ausnimmt, wenn die Voraussetzungen einer Betriebsaufspal-

---

100 *Eisele* in *Rössler/Troll*, BewG, § 97 Rn. 3.

101 Vgl. dazu BFH v. 5.10.2011 Az. II R/11, BeckRS 2011, 967753 Rn. 16 – 19; *Pahlke*, BFH/PR 2012, S. 58 (59); *Theilacker*, BWNotZ 2012, S. 2 (5); *Wachter*, DStR 2011, S. 2331 (2333); *Eisele*, Die Steuerwarte 2012, S. 73 (74).

102 BT-Drs. 16/7918, S. 23, 33.

103 Vgl. dazu *Hey* in *Tipke/Lang*, Steuerrecht, § 18 Rn. 309 ff.; *Birk*, Steuerrecht, Rn. 705 ff.

tung vorliegen.[104] Hierzu wird ein Betrieb vor Verwirklichung des Steuertatbestandes in zwei verschiedene Gesellschaften, eine Betriebs- und eine Besitzgesellschaft aufgespalten, wobei in beiden die gleichen Beteiligungsverhältnisse herrschen, um die für die Anerkennung der Betriebsaufspaltung erforderliche personelle Verflechtung in Form eines einheitlichen geschäftlichen Betätigungswillens herzustellen. Diese ist anzunehmen, wenn die Personen, welche das Besitzunternehmen beherrschen, auch ihren Willen in der Betriebsgesellschaft durchzusetzten vermögen.[105] Soll als Besitzgesellschaft eine Kapitalgesellschaft fungieren, muss der Übertragende an dieser mit mehr als 25 % beteiligt sein (§ 13b Abs. 2 Nr. 2 ErbStG). Ist die Besitzgesellschaft eine Personengesellschaft, kommt es auf die Größe der Beteiligung nicht an (§ 13 b Abs. 2 Nr. 3 ErbStG). Im Vermögen der Besitzgesellschaft, die weniger als 20 Beschäftigte haben muss, wird das (werthaltige) Betriebsvermögen konzentriert, während das Vermögen der Betriebsgesellschaft nur einen geringen oder keinen Steuerwert verkörpert, sie jedoch über beliebig viele Beschäftigte verfügen kann.

Die Besitzgesellschaft kann nun unter Inanspruchnahme der Steuervergünstigung übertragen werden, ohne dass es auf die Einhaltung der Lohnsumme ankäme, denn diese findet, weil die Gesellschaft über weniger als 20 Beschäftigte verfügt, keine Anwendung (§ 13a Abs. 1 S. 4 ErbStG). Eine Regelung, wonach die Beschäftigten der Betriebsgesellschaft für die Ermittlung der Lohnsumme der Besitzgesellschaft zugerechnet werden können, besteht nicht und ist somit ist dies auch nicht möglich. Bereits die Auffassung der Finanzverwaltung, wonach Beschäftigte von Tochtergesellschaften für die Ermittlung der Beschäftigtenzahl der Muttergesellschaft zugerechnet werden sollen,[106] die sich auf eine analoge Anwendung von § 13 Abs. 4 S. 5 ErbStG stützt, wird vielfach kritisiert.[107] Hingegen ist selbst aus Sicht der Finanzverwaltung eine Zurechnung zwischen Schwesterngesellschaften nicht vorgesehen.[108] Bezüglich der Betriebsgesellschaft wirkt sich ein Verstoß gegen das Lohnsummenkriterium

---

104 Zwar hat der Gesetzgeber den Begriff „Betriebsaufspaltung" in § 13b Abs. 2 Nr. 1 S. 2 lit. a) ErbStG nicht ausdrücklich verwandt, sondern ihn umschrieben, jedoch wollte er genau diese Gestaltungen erfassen, vgl. *Jülicher* in *Troll/Gebel /Jülicher*, ErbStG, § 13b Rn. 248; *Viskorf* in *Viskorf/Knobel/Schuck,* ErbStG, § 13b Rn. 201; *Meinke*, ErbStG, R 13b Rn. 13; *Geck* in *Kapp/Ebeling*, ErbStG, § 13b Rn. 31; zu den Voraussetzungen einer Betriebsaufspaltung vgl. auch BFH v. 24.2.2000 – Az. IV R 62/98, BeckRS 2000, 24000896 = DStR 2000, S. 816 ff.

105 *Hey* in *Tipke/Lang,* Steuerrecht, § 18 Rn. 313; speziell bezogen auf die ErbStG *Troll* in *Troll/Gebel /Jülicher*, ErbStG, § 13b Rn. 248, der angesichts des Umstandes, dass der Verweis des ErbStG auf die ErbSt nur sehr eingeschränkt passe, für eine weite Auslegung der Vorschrift plädiert.

106 ErbStR 2011, R E 13a. 4 – soweit ersichtlich, hat sich die Finanzverwaltung noch nicht zum Betriebsaufspaltungsmodell geäußert.

107 *Philipp* in *Viskorf/Knobel/Schuck,* ErbStG, § 13a Rn. 38 hält dies mit dem Wortlaut, obwohl dies wohl nicht dem Sinn und Zweck der Vorschrift entspreche, nicht für vereinbar; ähnlich *Crezelius*, ZEV 2009, S. 1 (4) und *Geck* in *Kapp/Ebeling*, ErbStG, § 13b Rn. 41, der eine gesonderte Regelung verlangt.

108 Vgl. BFH v. 5.10.2011 Az. II R/11, BeckRS 2011, 967753 Rn. 17; *Jülicher* in *Troll/Gebel /Jülicher*, ErbStG, § 13a Rn. 24; das Gegenteil wird – soweit ersichtlich – auch nirgends vertreten.

kaum aus, denn dieser führt zwar grds. zu einer anteiligen Nachversteuerung (§ 13a Abs. 1 S. 5 ErbStG), jedoch hat die Gesellschaft keinen oder nur einen geringen Steuerwert, so dass die Nachversteuerung ins Leere geht.

Der Umstand, dass die Besitzgesellschaft die in ihrem Eigentum befindlichen Wirtschaftsgüter der Betriebsgesellschaft zur Nutzung überlässt, führt nicht zwingend zu deren Qualifikation als Verwaltungsvermögen. Zwar sind gem. § 13b Abs. 2 S. 2 Nr. 1 ErbStG Grundstücke, Grundstücksteile, grundstücksgleiche Rechte und Bauten, die Dritten zur Nutzung überlassen sind, grundsätzlich zum steuerschädlichen Verwaltungsvermögen zu zählen. Eine Ausnahme von diesem Grundsatz trifft jedoch § 13b Abs. 2 S. 2 Nr. 1 S. 2 lit. a) ErbStG, wenn die Voraussetzungen einer Betriebsaufspaltung vorliegen.[109] Gerade diesen Tatbestand macht man sich durch die hier nachgezeichnete Gestaltung zu Nutze. Ohnehin nicht zum Verwaltungsvermögen zu zählen ist anderes der Betriebsgesellschaft überlassenes Betriebsvermögen, welches nicht in den abschließenden[110] Katalog des § 13b Abs. 2 ErbStG aufgenommen wurde, wie Maschinen, Fahrzeuge, gewerbliche Schutzrechte oder Ähnliches. Ebenso verhält es sich mit Forderungen der Besitzgesellschaft gegen die Betriebsgesellschaft, bspw. aus Darlehen oder der Nutzungsentgelte für die überlassenen Wirtschaftsgüter.[111] Durch die Begründung von Forderungen zwischen Besitz- und Betriebsgesellschaft ist es ohne weiteres möglich, den Steuerwert der Betriebsgesellschaft, selbst wenn noch Wirtschaftsgüter in dieser vorhanden bleiben, auf Null zu senken.

4. Sonstige steuerliche Auswirkungen der Gestaltungen

Eine rein erbschaftsteuerliche Betrachtung der Gestaltungsalternativen griffe allerdings zu kurz. Zur Betrachtung der gesamtheitlichen Steuerauswirkungen sind auch die ertragsteuerlichen und sonstigen steuerlichen Folgen zu untersuchen.[112]

Die ersten beiden Gestaltungen, die Festgeld-GmbH & Co. KG bzw. die Cash-GmbH auf der einen Seite, der Einsatz zweier Schwesterngesellschaften auf der anderen Seite, fußen auf der Idee, Vermögensgegenstände, die vor Beginn der Gestaltung typischerweise dem Privatvermögen zuzuordnen sind, in Betriebsvermögen umzuwandeln, denn dies ist Voraussetzung der Begünstigung. Dies geschieht durch Einlegen in eine gewerblich geprägte Personengesell-

---

109 S. o. FN 104.
110 S. o. FN 64.
111 S. o. FN 88 und 89.
112 Vgl. dazu auch *Feick/Weber*, BB 2012, S. 747 (752 f.).

schaft oder in eine Kapitalgesellschaft.[113] Es entsteht (gewillkürtes) Betriebsvermögen.[114] Durch die Einlage in die Gesellschaft werden die zugeführten Wirtschaftsgüter Gegenstand der Ertragsbesteuerung (Steuerverstrickung).[115] Um zu verhindern, dass Wertsteigerungen der eingelegten Wirtschaftsgüter, welche sich zuvor im Privatvermögen vollzogen haben, ebenfalls steuerverstrickt werden, sind sie zum Teilwert einzulegen (§ 6 Abs. 1 Nr. 5 S. 1 EStG).[116] Vollziehen sich Wertsteigerungen der Wirtschaftsgüter, während diese dem Betriebsvermögen zugeordnet sind, bauen sich indes stille Reserven auf, die im Falle der Entnahme zu versteuern sind.[117] Zu beachten ist, dass die Entnahme aus dem Betriebsvermögen nicht zu einem beliebigen Zeitpunkt möglich ist, sondern in jedem Fall die Behaltensfrist des § 13a Abs. 5 ErbStG einzuhalten ist, um den (zeitanteiligen) Wegfall der Vergünstigung zu vermeiden.

Keine ertragsteuerlichen Konsequenzen ergeben sich indes, wenn das in Rede stehende Wirtschaftsgut keinen Wertveränderungen unterliegt. Dies ist eine Frage des Einzelfalls. Geldvermögen unterliegt zwar Wertveränderungen, allerdings ist dies wegen des Nominalwertprinzips, welches die Vorschriften des EStG beherrscht, steuerlich nicht maßgeblich.[118] Sind Grundstücke Gegenstand der Einlage, ist zudem die Grunderwerbsteuer zu berücksichtigen.[119] Zudem sind die Gründungskosten der Gesellschaften und andere Transaktionskosten in das Kalkül mit einzubeziehen.[120]

Kommt die dritte Gestaltung, der Einsatz einer Betriebsaufspaltung zur Umgehung der Lohnsummenkontrolle, zur Anwendung, befinden sich die im Rahmen der Besitzgesellschaft zu übertragenden Wirtschaftsgüter bereits regelmäßig in einem Betriebsvermögen. Mit

---

113 Die folgenden Erörterungen gelten auch für Kapitalgesellschaften, vgl. *Kulosa* in *Schmidt*, EStG, § 6 Rn. 556.

114 Vgl. zum Begriff *Eisele* in *Rössler/Troll*, BewG, § 95 Rn. 20.

115 *Birk*, Steuerrecht, Rn. 920; vgl. auch *Hey* in *Tipke/Lang*, Steuerrecht, § 17 Rn. 182.

116 *Birk*, Steuerrecht, Rn. 920; *Kulosa* in *Schmidt*, EStG, § 6 Rn. 553; dies ist der Betrag, den ein Erwerber des ganzen Betriebes im Rahmen des Gesamtkaufpreises für das einzelne Wirtschaftsgut ansetzten würde (vgl. § 6 Abs. 1 S. 3 EStG).

117 *Birk*, Steuerrecht, Rn. 914 f.; vgl. auch *Hey* in *Tipke/Lang*, Steuerrecht, § 17 Rn. 179, 201, 210, lt. *Daragan*, BB 2002, S. 649 (654) ist genaues Rechnen notwendig, damit die ersparte ErbSt nicht durch ertragsteuerliche Mehrbelastung überkompensiert wird, wobei er sich allerdings auf die überkommene Rechtslage, die eine weniger weitreichende Freistellung gewährte, bezog.

118 BFH v. 17.01.1980 – Az. IV R 156/77, BeckRS 1980, 22005163 unter 2. a); vgl. auch *Kulosa* in *Schmidt*, EStG, § 6 Rn. 21.

119 Vgl. dazu *Stahl*, NJW 2000, S. 3100 (3101).

120 Vgl. dazu *Weßling*, DStR 1997, S. 1381 ff. mit Rechenbeispielen; *Moench/Albrecht*, Erbschaftsteuer[1], Rn. 502.

Ausnahme der Besonderheiten, die ohnehin bei einer Betriebsaufspaltung zu beachten sind,[121] treten keine ertragsteuerlich nachteiligen Effekte auf.

---

121 Vgl. dazu *Birk*, Steuerrecht, Rn. 705 ff.; *Hey* in *Tipke/Lang*, Steuerrecht, § 18 Rn. 309 ff.

II. Ursachen der Gestaltbarkeit

Der BFH hat im Rahmen seiner Beitrittsaufforderung gezeigt, dass es durch die Wahl einer geeigneten Gestaltung möglich ist, die Vergünstigungen der §§ 13a, 13b ErbStG in Anspruch zu nehmen, ohne dass es auf eine Gemeinwohlverpflichtung oder -bindung des erworbenen Vermögens ankäme. Die Eignung der vorgeschlagenen Gestaltungen zur Steuerumgehung wurde durch verschiedene Autoren bestätigt.[122] Die Wirkungen der Gestaltungen widersprechen der erklärten Zielsetzung des Gesetzgebers, der „dem Gemeinwohl dienende Vermögen"[123] privilegieren und „überwiegend vermögensverwaltende Betriebe"[124] von den Verschonungen ausnehmen wollte. Es fragt sich, wie es zu dieser eklatanten Diskrepanz kommt. Die Antwort liegt auf der Hand, sie liegt in der Funktionsweise der Vergünstigungsregelungen selbst und untauglichen Abgrenzungskriterien begründet:

1. Der Ausgangspunkt: Die Rechtsprechung des BVerfG

Das BVerfG hat im Rahmen seines Beschlusses vom 7.11.2006 zwar ausdrücklich nicht zu der Frage, ob die Begünstigungsvorschriften nach damaliger Rechtslage verfassungskonform seien, Stellung bezogen,[125] obwohl der BFH dies in seinem Vorlagebeschluss wohl begründet angenommen hatte.[126] Allerdings hatte es dem Gesetzgeber zugestanden, „bei Vorliegen ausreichender Gemeinwohlgründe [...] mittels Verschonungsregelung den Erwerb bestimmter Vermögensgegenstände – gegebenenfalls auch sehr weitgehend – zu begünstigen."[127] Erforderlich sei aber, dass die Begünstigungswirkung ausreichend zielgenau und innerhalb des Begünstigtenkreises möglichst gleichmäßig eintreten.[128] Damit knüpfte das BVerfG an Äußerungen aus dem Jahre 1995 an, in welchem es dem Gesetzgeber auferlegte, eine Gefährdung von bestimmten Betrieben durch finanzielle Belastungen zu vermeiden. Es hob besonders mittelständische Unternehmen hervor, die Garant von Produktivität und Arbeitsplätzen seien und daher einer besonderen Sozialgebundenheit unterlägen.[129] Daran anknüpfend kristallisierte sich in der politischen Diskussion ein neues Begriffspaar heraus:

---

122 Vgl. bspw. *Blumers*, DB 2012, S. 1228 (1229); *Pahlke*, BFH/PR 2012, S. 58 (59); *Geck*, NZG 2012, S. 93 (93); *ders.* in ZEV 2012, S. 399 (399).

123 BT-Drs. 16/7918, S. 23.

124 BT-Drs. 16/7918, S. 35.

125 BVerfG v. 7.11.2006 – Az. 1 BvL 10/02, BVerfGE 117, S. 1 (45).

126 BFH v. 22.5.2002 – Az. II R 61/99, DStR 2002, S. 1438 (1441 ff.) = BeckRS 2002, 24000691.

127 BVerfG v. 7.11.2006 – Az. 1 BvL 10/02, BVerfGE 117, S. 1 (69).

128 BVerfG v. 7.11.2006 – Az. 1 BvL 10/02, BVerfGE 117, S. 1 (69).

129 BVerfG v. 22.6.1995 – Az. 2 BvR 552/91, BVerfGE 93, S. 165 (175 f.).

das des Produktiv- und des Verwaltungsvermögens.[130] Letztlich geht der Impuls zur Regelung in ihrer heutigen Gestalt also von der Rechtsprechung des BVerfG aus, die bereits seinerzeit Gegenstand heftiger Kritik war.[131] *Crezelius* kritisiert gar, das BVerfG habe den Gesetzgeber zu den komplizierten Regelungen „angestiftet"[132].

2. Gutes und schlechtes Vermögen

Voraussetzung der Begünstigung ist, dass das übertragene Vermögen *Betriebsvermögen* (vgl. § 13a Abs. 1 S. 1, § 13b Abs. 1 Nr. 2 u. 3 ErbStG) ist. Das, was nach der steuerlichen Gewinnermittlung als Betriebsvermögen qualifiziert wird, soll im Grundsatz auch der Privilegierung unterfallen können.[133] Der Gesetzgeber knüpft also an einen ertragsteuerlichen Begriff an. Auch vor der Erbschaftsteuerreform wurden Vergünstigungen für Betriebsvermögen gewährt, jedoch ohne dass besondere Voraussetzungen zu erfüllen waren. Allerdings hat es der Steuerpflichtige in der Hand, darüber zu entscheiden, ob er einen bestimmten Vermögensgegenstand in ein Betriebsvermögen einlegt oder nicht.[134] Es bestand faktisch ein Besteuerungswahlrecht,[135] denn die Qualifizierung der Vermögen von Einzelunternehmen, Personengesellschaften und Kapitalgesellschaften ist unabhängig von seiner Art und Nutzung als Betriebsvermögen zu qualifizieren.[136] So war es also möglich, Vermögegengenstände, die typischerweise dem Privatvermögen zugeordnet sind, im Gewand des gewillkürten Betriebsvermögens steuervergünstigt übergehen zu lassen. Das vom BVerfG aufgestellte besondere Merkmal der „Gemeinwohlgebundenheit" spielte keine Rolle.

Diese weitgehende Gestaltungsfreiheit versuchte der Gesetzgeber zu begrenzen. In der Gesetzesbegründung des Erbschaftsteuerreformgesetzes nimmt er auf die Diktion des BVerfG Bezug und verspricht eine „zielgenaue Verschonungsregel"[137]. Das ist nach Definition des BVerfG eine solche, die den „Kreis der Begünstigten sachgerecht abgrenzt"[138]. Begünstigen wollte der Gesetzgeber demnach nur dem Gemeinwohl dienende Vermögen. Weil eine

---

130 *Schmitt* in FS. Schaumburg, S. 1079 ff.; *Piltz*, ZEV 2008, S. 229 (229); *Seer*, GmbHR 2007, S. 281 (287).

131 S. o. FN 26, 27.

132 *Crezelius*, ZEV 2012, S. 1 (4).

133 *Meincke*, ErbStG, § 13b Rn. 4.

134 Vgl. dazu FN 62.

135 *Geck*, ZEV 2009, 601 (601).

136 *Piltz*, ZEV 2008, S. 229.

137 BT-Drs. 16/7918, S. 23; vgl. BVerfG v. 7.11.2006 – Az. 1 BvL 10/02, BVerfGE 117, S. 1 (69).

138 BVerfG v. 7.11.2006 – Az. 1 BvL 10/02, BVerfGE 117, S. 1 (69); vgl. dazu auch *Birk/Pöllath*, ZRP 2006, S. 209 (210).

unabhängige Definition des Produktivvermögens den Gesetzgeber vor schier unüberwindliche Hürden gestellt hätte, entschied man sich für eine Anbindung an den Betriebsvermögensbegriff.[139]

Wie gezeigt, lässt sich allein aus der Zuordnung eines Vermögensgegenstandes zum Betriebsvermögen aber noch keine Erkenntnis darüber gewinnen, ob es sich um „Produktivvermögen" handelt oder nicht. Daher ist der Tatbestand der Begünstigungsvorschriften der §§ 13a, 13b ErbStG zweistufig aufgebaut: Zunächst muss klassifiziert werden, ob Betriebsvermögen vorliegt, welches potentiell die Begünstigung verdienen kann. In einem zweiten Schritt werden Vermögengegenstände, die nach Vorstellung des Gesetzgebers unproduktiv sind, ausgesondert. Der Gesetzgeber unterscheidet zwischen „gutem" und „schlechtem" Vermögen.[140] *Lang* geht so weit und beschreibt der Sache nach zutreffend, dass sich ein duales Erbschaftsteuerrecht entwickelt habe.[141]

3. Die Quadratur des Kreises

Es fragt sich, ob eine solche Kategorisierung „zielgenau" sein kann. Bereits während des Diskussionsprozesses im Vorfeld der Erbschaftsteuerreform ist bezweifelt worden, dass eine Unterscheidung zwischen produktiven und unproduktiven Vermögen sinnvoll oder gar möglich ist. Zutreffend wurde aufgezeigt, wieso bereits die Unterscheidung zwischen produktivem Vermögen und unproduktivem Vermögen nicht anhand der Einteilung in verschiedene Vermögensarten vorgenommen werden kann: Ob ein Vermögen produktiv oder unproduktiv ist, sei keine Frage der Vermögensart, sondern des Einsatzes. Es sei nicht möglich, „gutes" und „schlechtes" Vermögen trennscharf gegeneinander abzugrenzen.[142] Eine solche gesetzliche Unterscheidung provoziere im Zusammenhang mit unproduktivem Vermögen erhebliche Steuergestaltungen.[143] Als weitere wesentliche Schwäche wurde der zweistufige Privilegierungstatbestand (bzw. die Vorentwürfe) als erheblich zu kompliziert kritisiert. Dies mache die Regelungen ausgesprochen streitanfällig und verhindere Rechtssicherheit.[144]

---

139 *Birk*, Steuerrecht, Rn. 1609.
140 *Birk*, Steuerrecht, Rn. 1609; *Crezelius*, ZEV 2012, S. 1 (1).
141 *Lang*, FR 2010, S. 49 (56).
142 *Hey*, JZ 2007, S. 572 (564); *Seer*, StuW 2005, S. 353 (364 ff.); *Hannes*, DStR 2006, S. 2058 (2059) weist auf die Differenziertheit des Wirtschaftslebens hin, der solche Kategorisierungen nicht gerecht würden; ähnlich auch *Lang*, StuW 2008, S. 189 (198); *Birk*, StuW 2005, S. 346 (351).
143 *Seer*, StuW 2005, S. 353 (362).
144 *Seer*, GmbHR 2009, 225 (233); *Lang*, FR 2010, S. 49 (53); *Crezelius*, DStR 2007, S. 2277 (2283).

Die Bedenken haben sich nun, wenige Jahre nach dem Erlass des Erbschaftsteuerreformgesetzes bestätigt. Der Gesetzgeber hat durch die Anbindung der Verschonungsregelungen an ertragsteuerliche Grundsätze die Gestaltungen, welche eine Inanspruchnahme gegen die erklärte gesetzgeberische Zielsetzung ermöglichen, provoziert.[145] Bereits ertragsteuerlich ist die Abgrenzung von Betriebsvermögen zu Privatvermögen mit zahlreichen ungelösten Fragen verbunden.[146] Ob ein Wirtschaftsgut nämlich zum Privatvermögen oder zu einem Betriebsvermögen gehört, lässt sich im Regelfall, soweit kein Betriebsvermögen qua Rechtsform vorliegt, nur anhand der konkreten Umstände beurteilen, so dass eine abstrakte Einteilung in verschiedene Kategorien als nicht nützlich kritisiert wird.[147] Für die Zwecke der ErbSt wird nun innerhalb eines Sondertatbestandes eine weitere Kategorisierung vorgenommen, nämlich die zwischen begünstigungswürdigem und begünstigungsunwürdigem Betriebsvermögen. Das Gesetz arbeitet mit einer Regel-Ausnahme-Technik. Zusätzliche Verwirrung wird durch Aufnahme von Rückausnahmen in die Tatbestände gestiftet.[148] Die Annahme, die bereits ertragsteuerlich schwierige Abgrenzung zwischen den verschiedenen Vermögenssphären nun auf Ebene der ErbSt lösen zu können, erweist sich als unrealistisch.[149]

Dementsprechend stand der Gesetzgeber von Anfang an vor einer unlösbaren Aufgabe. *Geck* meint gar, die höchst unvollkommene Regelung des § 13b Abs. 2 ErbStG lade zu derartigen Gestaltungen geradezu ein.[150] Die ErbSt verkomme so zu einer „Dummensteuer"[151]. Zwar hat der Gesetzgeber erkannt, dass die Anbindung der erbschaftsteuerlichen Verschonungstatbestände an den ertragsteuerlichen Begriff des Betriebsvermögens zu ungewollten Ergebnissen führen kann, weil die Steuerpflichtigen die Möglichkeit haben, Privatvermögen zu gewillkürtem Betriebsvermögen zu machen. Der Korrekturmechanismus, § 13b Abs. 2 ErbStG, versagt aber in der Praxis.[152] Dies zeigen die vom BFH im Rahmen seines Beitrittsbeschlusses aufgezeigten Gestaltungen. Sie ermöglichen es, Vermögensgegenstände jeder Art unabhängig von Gemeinwohlbindung und -verpflichtung zu übertragen. Dieser Befund überrascht nicht. Unabhängig von der Frage, ob Verwaltungsvermögen

---

145 *Geck*, DNotZ 2012, S. 329 (330).

146 Vgl. dazu nur *Hey* in *Tipke/Lang*, Steuerrecht, § 17 Rn 121 ff. (insb. Rn. 125, 126).

147 *Hey* in *Tipke/Lang*, Steuerrecht, § 17 Rn 125.

148 *Seer*, GmbHR 2009, S. 225 (233); *Crezelius*, ZEV 2012, S. 1 (4), spricht von einem „Irrgarten steuerinterventionistischer, nicht abgestimmter Regelungen".

149 *Crezelius*, ZEV 2012, S. 1 (4).

150 *Geck*, NZG 2012, S. 93 (93); *ders.*, DNotZ 2012, 329 (331); *Moench/Hübner*, Erbschaftsteuer, Rn. 756, sehen die Steuerpflichtigen angesichts der Hochsteuerkonzeption einem erheblichen Gestaltungsdruck ausgesetzt.

151 *Geck*, ZEV 2012, S. 399 (399).

152 *Lang*, FR 2010, S. 49 (53); *Geck*, NZG 2012, S. 93 (94).

volkswirtschaftlich weniger begünstigungswürdig ist, als Produktivvermögen,[153] wurde zutreffend vorausgesagt, dass der Versuch einer sinnvollen Unterscheidung, die zielgenau nur die Erwerber von Vermögen begünstigt, welche diese im weiteren Sinne dem Gemeinwohl dienen lassen, zum Scheitern verurteilt ist. Er ist – wie die Quadratur des Kreises – unmöglich.

---

153 Vgl. dazu statt vieler *Seer*, GmbHR 2009, S. 225 (229).

3. Teil: Verfassungsfragen

Wie eingangs beschrieben, wird die Frage, ob das ErbStG und im Speziellen die sachlichen Steuerbefreiungen für Betriebsvermögen den Anforderungen des Grundgesetzes entspricht, seit langem diskutiert.

I. Verfassungsrechtliche Vorgaben

Um zu überprüfen, ob die Regelungen den Vorgaben des Grundgesetzes entsprechen, werden zunächst die verfassungsrechtlichen Vorgaben herausgearbeitet. Im Anschluss soll erörtert werden, ob die §§ 13a, 13b ErbStG diesen entsprechen.

1. Art 3 Abs. 1 GG[154]

Art. 3 Abs. 1 GG, der allgemeine Gleichheitssatz, ist die „Fundamentalnorm"[155] des Steuerrechts.[156] Er gebietet, wesentlich Gleiches gleich und wesentlich Ungleiches ungleich zu behandeln.[157] Die Frage, ob eine Gleich- bzw. Ungleichbehandlung vorliegt, ist keine absolute, sondern eine relative. Die Prüfung, ob eine Ungleichbehandlung vorliegt, setzt also die Bildung von geeigneten Vergleichsgruppen voraus.[158] Während das BVerfG den Gleichheitssatz zunächst als allgemeines Willkürverbot verstand, ergänzt insbesondere der 1. Senat es bereits seit längerer Zeit durch die so genannte „neue Formel". Nach dem Willkürverbot sei der allgemeine Gleichheitssatz verletzt, wenn sich ein sachlicher Grund für die gesetzliche Differenzierung im Falle von Gleichem oder Gleichbehandlung im Falle von Ungleichem nicht finden lasse.[159] Nach der neuen Formel liege eine Verletzung des Gleichheitssatzes vor, wenn ein Vergleich von zwei Gruppen von Normadressaten eine Ungleichbehandlung zeige, obwohl sich zwischen beiden Gruppen keine Unterschiede solcher Art und Gewicht finden ließen, welche die unterschiedliche Behandlung rechtfertigen könnten.[160] Eine Rechtfertigung

---

154 Vgl. dazu zusammenfassend *Spitzbart*, Das Betriebsvermögen im Erbschaftsteuerrecht, S. 162 ff.

155 *Birk*, Steuerrecht, Rn. 186.

156 Grundlegend dazu *Tipke*, Die Steuerrechtsordnung Bd. I, S. 290 ff. m. w. N.; vgl. auch *Lang* in *Tipke/Lang*, Steuerrecht, § 4 Rn. 63;

157 St. Rspr. des BVerfG, bspw. BVerfG v. 7.11.2006 – Az. 1 BvL 10/02, BVerfGE 117, S. 1 (30); BVerfG v. 16.3.2005 – Az. 2 BvL 7/00, BVerfGE 112, S. 268 (279); die bisherige Rspr. fasst *Tipke*, Die Steuerrechtsordnung Bd. I, S. 295 ff. zusammen; *Lang* in *Tipke/Lang*, Steuerrecht, § 4 Rn. 73; *Birk*, Steuerrecht, 186.

158 *Tipke*, Die Steuerrechtsordnung Bd. I, S. 312; *Lang* in *Tipke/Lang*, Steuerrecht, § 4 Rn. 76.

159 *Tipke*, Die Steuerrechtsordnung Bd. I, S. 312 mit zahlreichen Nachweisen aus der Rspr. (dort FN 207); *Lang* in *Tipke/Lang*, Steuerrecht, § 4 Rn. 73.

160 *Tipke*, Die Steuerrechtsordnung Bd. I, S. 313 mit zahlreichen Nachweisen aus der Rspr. (dort FN 220); *Lang* in *Tipke/Lang*, Steuerrecht, § 4 Rn. 73.

sei nur unter Wahrung des Verhältnismäßigkeitsgrundsatzes möglich, wobei die Prüfungsintensität zunehme, je weniger die Ungleichbehandlung an Merkmale anknüpfe, die von den Betroffenen beeinflusst werden können.[161]

Für die Regelungsmaterie des Steuerrechts billigt das BVerfG dem Gesetzgeber einen weiten Entscheidungsspielraum zu, der sich sowohl auf die Auswahl des Steuergegenstandes wie auch die Bestimmung des Steuersatzes bezieht. Allerdings ist der Spielraum des Gesetzgebers nicht unbeschränkt, sondern bewegt sich innerhalb zweier eng miteinander verwobener Grenzen, dem Leistungsfähigkeits- und dem Folgerichtigkeitsprinzip.[162]

a) Das Prinzip der Leistungsfähigkeit

Speziell auf das Steuerrecht bezogen, entnimmt das BVerfG dem allgemeinen Gleichheitssatz das Prinzip der Steuergerechtigkeit.[163] Grundsätzlich verpflichte das Prinzip der Steuergerechtigkeit den Gesetzgeber, die Steuerpflichtigen rechtlich und tatsächlich gleich zu behandeln, wobei die Steuerlast im Einzelnen an der wirtschaftlichen Leistungsfähigkeit auszurichten sei. Die gebotene Gleichbehandlung verwirkliche sich in dem Belastungserfolg, den die Anwendung der Steuergesetze bei dem einzelnen Steuerpflichtigen bewirke, wo bei Differenzierungen verfassungsrechtlich grundsätzlich nicht unzulässig seien.[164] Jedoch lasse sich aus dem allgemeinen Gleichheitssatz gerade nicht folgern, dass jeder Steuerpflichtige den gleichen Betrag zahlen müsse; vielmehr seien die Steuerpflichtigen entsprechend ihrer individuellen Leistungsfähigkeit gleichmäßig zur Finanzierung der allgemeinen Staatsaufgaben heranzuziehen. Dabei sei zu berücksichtigen, dass das Steuerrecht der Abwicklung von Massenvorgängen diene, was eine besondere Praktikabilität erfordere.[165]

---

161 St. Rspr., bspw. BVerfG v. 7.11.2006 – Az. 1 BvL 10/02, BVerfGE 117, S. 1 (30); BVerfG v. 20.4.2004 – Az. 1 BvR 1748/99, BVerfGE 110, S. 274 (291); BVerfG v. 26.1.1993 – Az. 1 BvL 38, 40/92, BVerfGE 88, S. 87 (96 f.); Jarass in Jarass/Pieroth, GG, Art. 3 Rn. 19, 26 m. w. N.

162 St. Rspr., bspw. BVerfG v. 7.11.2006 – Az. 1 BvL 10/02, BVerfGE 117, S. 1 (30); BVerfG v. 9.10.2001 – Az. 1 BvL 17/99, BVerfGE 105, S. 73 (125); BVerfG v. 4.12.2002 – Az. 2 BvR 400/98, 1735/00, BVerfGE 107, S. 27 (46 f.).

163 Kritische Analyse der Rspr. bei Tipke, Die Steuerrechtsordnung Bd. I, S. 298 ff. (insb. S. 305 ff.); vgl. zum Leistungsfähigkeitsprinzip zudem Birk, Steuerrecht, Rn. 188; Lang in Tipke/Lang, Steuerrecht, § 4 Rn. 81 ff.; bereits Klein, Gleichheitssatz und Steuerrecht, S. 139 f. wies 1966 darauf hin, dass sich die Entscheidungen des BVerfG nicht voraus sehen ließen und wies damit auf eine Schwäche der Rspr. hin.

164 St. Rspr., bspw. BVerfG v. 7.11.2006 – Az. 1 BvL 10/02, BVerfGE 117, S. 1 (30); BVerfG v. 27.6.1991 – Az. 2 BvR 1493/89, BVerfGE 84, S. 239 (268); BVerfG v. 22.6.1995 – Az. 2 BvL 37/91, BVerfGE 93, 121 (134).

165 St. Rspr., bspw. BVerfG v. 7.11.2006 – Az. 1 BvL 10/02, BVerfGE 117, S. 1 (31); BVerfG v. 20.4.2004 Az. 1 BvR 1748/99, BVerfGE 110, S. 274 (292).

b) Das Prinzip der Folgerichtigkeit

Das Prinzip der Leistungsfähigkeit wird ergänzt durch das Prinzip der Folgerichtigkeit, welches weniger als ein eigenständiges verfassungsrechtliches Prinzip zu verstehen ist, sondern eher als Argumentationshilfe zur besseren Handhabung des allgemeinen Gleichheitssatzes dient.[166] Es gebiete, so das BVerfG, die durch Auswahl von Steuergegenstand und Bemessungsgrundlage getroffene Belastungsentscheidung folgerichtig im Sinne dieser Belastungsgleichheit umzusetzen.[167] Der Gesetzgeber handelt demnach folgerichtig, wenn die Grundentscheidung konsequent durchgeführt wird.[168] Dies ist insbesondere nicht der Fall, wenn Differenzierungen lediglich Gruppeninteressen dienen.[169] Insbesondere folgt aus diesem Aspekt auch die gleichheitsrechtliche Missbilligung einer wertungswidersprüchlichen tatbestandlichen Konkretisierung.[170]

c) Rechtfertigung von Ungleichbehandlungen

Wenn eine Ungleichbehandlung festgestellt wurde, folgt daraus nicht per se die Verfassungswidrigkeit der in Rede stehenden Norm. Der Gleichheitssatz gilt, obwohl der Wortlaut bei unbefangener Lektüre etwas anderes nahelegt, nicht absolut. Ausnahmen sind, wenn ein Rechtfertigungsgrund besteht, möglich. Um die Anforderungen an den jeweiligen Rechtfertigungsgrund zu bestimmen, ist zwischen Fiskalzweck- und Lenkungsnormen zu differenzieren. Erstere dienen lediglich dem Zweck, Erträge zu erzielen. Sie sind deshalb streng an dem Gebot der steuerlichen Lastengleichheit zu orientieren.[171] Anders liegt die Sache bei Lenkungsnormen. Sie bezwecken, den Steuerpflichtigen zu einem bestimmten Verhalten anzuregen.[172] Lenkungsnormen verfolgen ihr Ziel, indem sie Ausnahmen von dem Leistungsfähigkeitsprinzip machen, indem sie unerwünschtes Verhalten steuerlich benachteiligen oder erwünschten Verhalten steuerlich privilegieren.[173]

---

166 *Birk*, Steuerrecht, Rn. 187.

167 St. Rspr., bspw. BVerfG v. 7.11.2006 – Az. 1 BvL 10/02, BVerfGE 117, S. 1 (31); BVerfG v. 30.9.1998 – Az. 2 BvR 1818/91, BVerfGE 99, S. 88 (95): BVerfG v. 4.12.2002 – Az. 2 BvR 400/98, BVerfGE 107, S. 27 (47).

168 *Birk*, DStR 2009, S. 877 (881).

169 *Lang* in Tipke/*Lang* Steuerrecht, § 4 Rn. 74.

170 *Englisch* in FS Lang, S. 167 (171).

171 *Birk*, Steuerrecht, Rn. 204; *Lang* in Tipke/*Lang*, Steuerrecht, § 4 Rn. 20, 81 ff.

172 *Birk*, Steuerrecht, Rn. 205; *Lang* in Tipke/*Lang*, Steuerrecht, § 4 Rn. 21.

173 *Lang* in Tipke/*Lang*, Steuerrecht, § 4 Rn. 21; *Birk*, Steuerrecht, § 4 Rn. 208.

Das BVerfG geht davon aus, dass es dem Gesetzgeber grundsätzlich frei stehe, außerfiskalische Förderungs- und Lenkungsziele zu verfolgen. Hierzu stünden ihm nicht nur Ge- und Verbote zur Verfügung; mit Hilfe von Steuergesetzen könne er auch mittelbar auf Wirtschaft und Gesellschaft Einfluss nehmen.[174] Führe ein Steuergesetz zu einer steuerlichen Verschonung, die einer gleichmäßigen Belastung des jeweiligen Steuergegenstandes widerspreche, so könne dies nur unter der Voraussetzung gerechtfertigt sein, dass der Gesetzgeber das Verhalten des Steuerpflichtigen aus Gründen des Gemeinwohls fördern und lenken wolle.[175] Bei Vorliegen ausreichender Gemeinwohlgründe könne die Entlastung im Ausnahmefall sogar zu einer gänzlichen Steuerfreiheit führen.[176] Allerdings ist zu beachten, dass die Prüfungsintensität zunehmen muss, je stärker die Ungleichbehandlungen werden.[177]

Dabei sei grundsätzlich in Kauf zu nehmen, dass das Lenkungsziel nicht in jedem Fall erreicht werde, denn eine Ungleichbehandlung sei lediglich ein Instrument zur Annäherung an ein Ziel.[178] Die Frage, welche Personen oder Unternehmen förderungswürdig seien, müsse grundsätzlich der Gesetzgeber beantworten.[179] In diesem Bereich zwinge ihn der Gleichheitssatz jedoch dazu, dass er seine Leistungen nicht nach unsachlichen Gesichtspunkten, also nicht willkürlich, verteilen darf.[180]

d) Sachgerechte Differenzierung

Voraussetzung der Rechtfertigung einer jeden Ungleichbehandlung ist aber zudem stets, dass sie sich an einem sachgerechten Differenzierungskriterium orientiert.[181] Das BVerfG verlangt einen inneren Zusammenhang zwischen den vorgefundenen Verschiedenheiten und

---

174 St. Rspr., bspw. BVerfG v. 7.11.2006 – Az. 1 BvL 10/02, BVerfGE 117, S. 1 (31); BVerfG . 11.11.1998 – Az. 2 BvL 10/95, BVerfGE 99, S. 280 (296); BVerfG v. 20.4.2004 Az. 1 BvR 1748/99, BVerfGE 110, S. 274 (291); BVerfG v. 7.5.1998 – Az. 2 BvR 1991, 2004/95, BVerfGE 98, 106 (121).

175 BVerfG v. 7.11.2006 – Az. 1 BvL 10/02, BVerfGE 117, S. 1 (32); BVerfG v. 22.6.1995 – Az. 2 BvL 37/91, BVerfGE 93, 121 (147).

176 BVerfG v. 7.11.2006 – Az. 1 BvL 10/02, BVerfGE 117, S. 1 (32).

177 *Seer*, GmbHR 2009, S. 225 (234); *Kischel* in BeckOK GG, Art. 3 Rn. 25 f.; vgl. BVerfG v. 26.1.1993 – Az. 1 BvL 38, 40/92, BVerfGE 88, S. 87 (96 f.).

178 BVerfG v. 7.11.2006 – Az. 1 BvL 10/02, BVerfGE 117, S. 1 (32), BVerfG v. 7.5.1998 – Az. 2 BvR 1991, 2004/95, BVerfGE 98, 106 (121).

179 St. Rspr., bspw. BVerfG v. 7.11.2006 – Az. 1 BvL 10/02, BVerfGE 117, S. 1 (32); BVerfG v. 12.2.1964 – Az. 1 BvL 12/62, BVerfGE 17, S. 210 (216); BVerfG v. 7.11.1995 – Az. 2 BvR 413/88 u. 1300/93, BVerfGE 93, 319 (350).

180 St. Rspr., bspw. BVerfG v. 15.10.1985 – Az. 2 BvL 4/83, BVerfGE 71, S. 39 (58), BVerfG v. 7.10.1980 – Az. 1 BvL 50, 89/79, BvR 240/79, BVerfGE 55, 72 (88); BVerfG v. 22.10.1981 – Az. 1 BvR 1369/79, BVerfGE 58, 369 (373 f.).

181 *Englisch* in FS Lang, S. 167 (171); *Lang* in: *Tipke/Lang*, Steuerrecht, § 4 Rn. 77.

der differenzierenden Regelung.[182] Erforderlich sei hierzu, dass der Gesetzgeber bei seiner Auswahl nach sachgerechten Kriterien vorgegangen sei, der Differenzierungsgrund müsse sachbezogen und vertretbar sein. Die Feststellung, ob diese Anforderung eingehalten wurde, sei nicht abstrakt und allgemein möglich, sondern müsse stets nur nach Natur und Eigenart des in Frage stehenden Sachverhaltes und unter Berücksichtigung von Sinn und Zweck der betreffenden gesetzlichen Regelung festgestellt werden.[183] Seinen weiten Gestaltungsspielraum habe der Gesetzgeber überschritten, wenn die ungleiche Behandlung der geregelten Sachverhalte mit Gesetzlichkeiten, die in der Natur der Sache selbst liegen, und mit einer am Gerechtigkeitsgedanken orientierten Betrachtungsweise nicht mehr vereinbar sei, mit anderen Worten, ein vernünftiger einleuchtender Grund für die gesetzliche Differenzierung fehle.[184] Ein solcher Fall liege vor, wenn eine Gruppe von Normadressaten im Vergleich zu einer anderen Gruppe anders behandelt werde, obwohl zwischen beiden Gruppen keine Unterschiede von solcher Art bestünden, dass sie die ungleiche Behandlung rechtfertigen könnten.[185]

Das Erfordernis der sachgerechten Abgrenzung sei also gewahrt, solange die Regelung sich nicht auf eine der Lebenserfahrung geradezu widersprechende Würdigung der jeweiligen Lebenssachverhalte stütze, insbesondere der Kreis der von der Maßnahme Begünstigten sachgerecht abgegrenzt ist.[186] Im Falle der ErbSt sei deshalb insbesondere erforderlich, dass die Begünstigungswirkungen zielgenau und innerhalb des Begünstigtenkreises möglichst gleichmäßig eintreten.[187]

2. Privilegierung von Betriebsvermögen

In seinem Beschluss vom 22.6.1995 hat das BVerfG dem Gesetzgeber ins Stammbuch geschrieben, dass der Gleichheitssatz eine besondere Behandlung von Betriebsvermögen

---

182 St. Rspr., bspw. BVerfG v. 15.10.1985 – Az. 2 BvL 4/83, BVerfGE 71, S. 39 (58); BVerfG v. 8.10.1963 – Az. 2 BvR 108/62, BVerfGE 17, S. 122 (130); BVerfG v. 28.4.1965 – Az. 1 BvR 346/61, BVerfGE 19, S. 1 (8).

183 St. Rspr., bspw. BVerfG v. 15.10.1985 – Az. 2 BvL 4/83, BVerfGE 71, S. 39 (58); BVerfG v. 8.10.1963 – Az. 2 BvR 108/62, BVerfGE 17, S. 122 (130); BVerfG v. 28.4.1965 – Az. 1 BvR 346/61, BVerfGE 19, S. 1 (8).

184 BVerfG v. 15.10.1985 – Az. 2 BvL 4/83, BVerfGE 71, S. 39 (58); BVerfG v. 16.6.1959 – Az. 1 BvR 71/57, BVerfGE 9, S. 338 (349).

185 St. Rspr., bspw. BVerfG v. 15.10.1985 – Az. 2 BvL 4/83, BVerfGE 71, S. 39 (58), BVerfG v. 7.10.1980 – Az. 1 BvL 50, 89/79, 1 BvR 240/79, BVerfGE 55, 72 (88); BVerfG v. 22.10.1981 – Az. 1 BvR 1369/79, BVerfGE 58, 369 (373 f.).

186 St. Rspr., bspw. BVerfG v. 7.11.2006 – Az. 1 BvL 10/02, BVerfGE 117, S. 1 (32); BVerfG v. 12.2.1964 – Az. 1 BvL 12/62, BVerfGE 17, S. 210 (216); BVerfG v. 20.4.2004 Az. 1 BvR 1748/99, BVerfGE 110, S. 274 (291).

187 BVerfG v. 7.11.2006 – Az. 1 BvL 10/02, BVerfGE 117, S. 1 (69).

verlange.[188] Bei der Gestaltung der Steuerlast habe der Gesetzgeber zu berücksichtigen, dass die Existenz von bestimmten Betrieben durch zusätzliche wirtschaftliche Belastung, wie durch die ErbSt, gefährdet werden könnten. Solche Betriebe seien allerdings in besonderer Weise gemeinwohlgebunden und gemeinwohlverpflichtet: Sie unterlägen als Garant von Produktivität und Arbeitsplätzen insbesondere durch Verpflichtungen gegenüber den Arbeitnehmern, das Betriebsverfassungsrecht, das Wirtschaftsverwaltungsrecht und durch die langfristigen Investitionen einer gesteigerten rechtlichen Bindung. Dies habe zur Folge, dass die durch die ErbSt erfasste finanzielle Leistungsfähigkeit des Erben nicht seinem durch den Erbanfall erworbenen Vermögenszuwachs voll entspreche. Der Gleichheitssatz gebiete, diese verminderte Leistungsfähigkeit bei den Erben zu berücksichtigen, wenn sie den Betrieb weiter führten. Die ErbSt müsse deshalb so bemessen sein, dass die Fortführung des Betriebes steuerlich nicht gefährdet werde.[189]

Es fragt sich, ob dieses Postulat einer genaueren Überprüfung standhält und der Gesetzgeber tatsächlich gezwungen ist, Betriebsvermögen zu privilegieren. Dies ist vielfach prominent bezweifelt worden. Mit besonders deutlicher Kritik hat sich *Seer* hervorgetan, der die Ausführungen des BVerfG als Allgemeinplatz mit wenig Substanz entlarvt: Entgegen der Auffassung des BVerfG unterliege das Betriebsvermögen keiner besonderen Sozialpflichtigkeit. *Seer* zur Folge gerate das BVerfG mit seiner Argumentation in die Nähe politischer Wahlkampfrhetorik, die den Begriff „Gemeinwohl" leerformelartig zur Begründung jedes erwünschten Ergebnisses einsetze. Anschaulich arbeitet er heraus, dass der Unternehmer als Ausdruck des erwerbswirtschaftlichen Prinzips nach Gewinnmaximierung und Rentabilität strebe. Der Begriff des Gemeinwohls sei aber eine Einheit, welche über die divergierenden privaten Interessen des Bürgers hinausgehe. Aus diesem Grunde stimme das Partikularwohl des Unternehmers nicht mit dem Gemeinwohl überein.[190] Weiterhin sei, so das BVerfG, eine Sonderbehandlung aufgrund der beschränkten Verfügbarkeit des Betriebs bzw. einzelner Wirtschaftsgüter geboten. Diese Beschränkung bilde, so *Seer*, sich bereits im Verkehrswert

---

188 S. o. S. 15 f.

189 BVerfG v. 22.6.1995 – Az. 2 BvR 552/91, BVerfGE 93 S. 165 (177 f.).

190 *Seer* in DStJG 1999 S. 191 (211); ebenso *P. Bareis/Elser*, DStR 1997, 557 (561), die – wie *Seer* – aufzeigen, dass das BVerfG nicht deutlich mache, wo der Unterschied zu anderen Vermögensbestandteilen, die u. U. Arbeitsplätze sichern, liege; ebenfalls kritisch *Meincke*, DStR 1996, S. 1305 (1309); vgl. zum gesamten Komplex auch *Tipke*, Die Steuerrechtsordnung Bd. II, S. 900 ff.; vgl. auch *Birk*, StuW 2005, S. 346 (351) der darauf hinweist, dass Lenkungsvergünstigungen, die auf Marktverzerrung abzielen, keinen Gemeinwohlwert hätten, da sie die Grenze zwischen gesellschaftspolitischer Gestaltungsfreiheit und individueller unternehmerischer Verantwortung für den Erfolg des Unternehmens nicht respektierten.

ab.[191] Zudem weist er darauf hin, die Annahme des BVerfG, die ErbSt-Belastung gefährde den Bestand von Unternehmen, sei eine bloße Behauptung und nicht näher verifiziert.[192] Überdies ist fraglich, wie sich die Ausführungen des BVerfG mit dem häufig zitierten weiten Gestaltungsspielraum des Gesetzgebers[193] und seiner damit verbundenen Einschätzungsprärogative in Einklang bringen lassen. *Papier* zur Folge findet das BVerfG seinen Beurteilungsmaßstab immer nur im geltenden Verfassungsrecht, nicht aber in politischen, sozialen oder ökonomischen Zweckmäßigkeitsvorstellungen.[194] Auch das BVerfG wird seinem eigenen Anspruch nicht immer gerecht: Eine tragfähige Begründung für ein Gebot der Privilegierung von Unternehmensvermögen ist das BVerfG 1995 schuldig geblieben.

Ohne sich ausdrücklich von den Ausführungen der 1. Erbschaftsteuerentscheidung zu distanzieren, hat das BVerfG die Erwägungen von 1995 im Rahmen seiner 2. Erbschaftsteuerentscheidung nicht wiederholt, wenn *Seer* auch meint, es erwecke an manchen Stellen den Eindruck, als billige es sie.[195] Jedenfalls aber stellte das BVerfG klar, dass die Bewertungsebene nicht geeignet sei, um Lenkungszwecke zu verfolgen.[196] Nachdem jedoch auf der 1. Stufe eine Bewertung, die sich am gemeinen Wert orientiert, vorgenommen wurde, „ist es dem Gesetzgeber unbenommen, bei Vorliegen ausreichender Gemeinwohlgründe in einem zweiten Schritt der Bemessungsgrundlagenermittlung mittels Verschonungsregelungen den Erwerb bestimmter Vermögensgegenstände [...] zu begünstigen."[197] Die Faktoren, welche zu einer geringeren Leistungsfähigkeit des Betriebsvermögens führen (können), wie (angebliche) Sozialbindung, (angebliche) geringere Fungibilität und Liquidität werden bereits auf der ersten Stufe im Rahmen der Bewertung hinreichend erfasst.[198] Jedenfalls ist nach einer realitätsgerechten Bewertung demnach kein Grund für ein verfassungsrechtliches Gebot der Privilegierung von Unternehmensvermögen mehr ersichtlich.

---

191 *Seer* in DStJG 1999, S. 191 (212); *ders.*, StuW 2005, S. 353 (358); vgl. dazu auch *Bareis*, DB 1996, S. 1153 (1154, 1158).

192 BFH v. 22.5.2002 – Az. II R 61/99, DStR 2002, S. 1438 (1441); *Seer* in DStJG 1999, S. 191 (213); *ders.*, GmbHR 2007, S. 281 (286); *Spitzbart*, Das Betriebsvermögen im Erbschaftsteuerrecht, S. 174 ff. arbeitet unter Zugrundelegung von Statistiken heraus, wieso diese Annahme nur in Ausnahmefällen zutreffend ist.

193 S. o. FN 179.

194 *Papier*, DStR 2007, 973 (976).

195 *Seer*, ZEV 2007, S. 101 (106).

196 BVerfGE v. 7.11.2006 – Az. 1 BvL 10/02, BVerfGE 117, S. 1 (38 ff.)

197 BVerfGE v. 7.11.2006 – Az. 1 BvL 10/02, BVerfGE 117, S. 1 (68).

198 Vgl. *Hey*, JZ 2007, S. 564 (568).

II. Anwendung der verfassungsrechtlichen Vorgaben auf die derzeitige Rechtslage

Die Erhebung von Steuern muss sich, wie gezeigt, an dem Prinzip der Leistungsfähigkeit und der Folgerichtigkeit messen lassen. Das Leistungsfähigkeitsprinzip gebietet, die Steuerpflichtigen entsprechend ihrer finanziellen Leistungsfähigkeit zur Finanzierung der Gemeinlasten heranzuziehen, wobei das Prinzip der Folgerichtigkeit verlangt, dass die getroffene Belastungsentscheidung konsequent umgesetzt werden muss. Durchbrechungen sind bei Vorliegen hinreichender Rechtfertigungsgründe möglich.

1. Ungleichbehandlung

Die Erbschaft- und Schenkungsteuer unterwirft Vermögenserwerbe, die sich von Todes wegen oder aufgrund von Schenkungen unter Lebenden unentgeltlich vollziehen,[199] einem progressiven Steuertarif zwischen 7 % und 50 %. Sie ist als Erbanfallsteuer ausgestaltet.[200] Nachdem die Bewertung des erworbenen Vermögens durchgeführt wurde, deren Ziel grds. der gemeine Wert ist (§ 12 ErbStG i. V. m. § 9 BewG), wird für Betriebsvermögen eine sachliche Steuerbefreiung von 85 %, bzw. im Falle des § 13a Abs. 8 ErbStG von 100 % gewährt, die für andere Vermögensarten nicht gilt. Unabhängig von der steuerlichen Leistungsfähigkeit werden Erwerber also unterschiedlich belastet. Eine rechtfertigungsbedürftige Ungleichbehandlung liegt demnach vor.

2. Rechtfertigung

Nach den Vorgaben des BVerfG ist eine Ungleichbehandlung in Form einer steuerlichen Lenkungsnorm nur gerechtfertigt, wenn ein hinreichender Gemeinwohlgrund gegeben ist, innerhalb der gesetzlichen Regelung eine sachgerechte Abgrenzung zwischen den verschiedenen Gruppen von Normadressaten erfolgt ist und die Regelung jedenfalls dem Willkürverbot stand hält.

---

199 Vgl. dazu *Tipke*, Die Steuerrechtsordnung Bd. II, S. 879 f.

200 *Tipke*, Die Steuerrechtsordnung Bd. II, S. 873 f.; *Gebel* in *Troll/Gebel/Jülicher*, ErbStG, Einf. Rn. 1; *Meincke*, ErbStG, Einf. Rn. 1; *Griesel* in *Daragen/Halaczinsky/Riedel (Hrsg.)*, ErbStG, § 1 Rn. 3; *Schulte*, Erbschaftsteuerrecht, Rn. 29.

a) Gemeinwohlgrund

Die in Rede stehenden Regelungen müssen einem Gemeinwohlgrund dienen. Dem Gemeinwohl ist gedient, wenn die Vergünstigung zu einem gesamtgesellschaftlichen Nutzen führt.[201] Die Verschonungsregelungen sollen Unternehmer veranlassen, im Zuge eines Betriebsübergangs, der sich aufgrund eines Erbfalls oder einer lebzeitigen Schenkung vollzieht, die Arbeitsplätze weitestgehend zu sichern.[202] Arbeitsplatzsicherung dient dem gesamtwirtschaftlichen Nutzen und wird somit überwiegend als hinreichender Gemeinwohlgrund akzeptiert.[203]

b) Sachgerechte Abgrenzung

Fraglich ist jedoch, ob die Verschonungsregelungen auch dem Anspruch des BVerfG an eine sachgerechte Abgrenzung zwischen den Begünstigungsadressaten auf der einen Seite, also den Erwerbern von Betriebsvermögen, welche die Voraussetzungen der §§ 13a, 13b ErbStG erfüllen, und den Erwerbern anderer Vermögengegenstände, für die keine oder keine so weitgehenden Vergünstigungen zur Verfügung stehen, gerecht werden.

Der BFH bezweifelt dies zu Recht: Seiner Ansicht nach ergibt sich aus der Möglichkeit, durch eine entsprechende Gestaltung die Vergünstigungen der §§ 13a, 13b ErbStG ohne Gemeinwohlbindung in Anspruch nehmen zu können, ein Verstoß gegen Art. 3 Abs. 1 GG.[204] Die als Argument angeführte Gestaltbarkeit ist durch obige Ausführungen belegt. Bereits 2002 hatte der BFH unter Verweis auf die gewerblich geprägte Personengesellschaft die (faktische) Rechtsformabhängigkeit des damaligen Vergünstigungsregimes kritisiert. Die damaligen Regelungen, dies gilt auch für die derzeitige Rechtslage, verfolgen den Zweck, die Produktivität von Unternehmen zu erhalten und Arbeitsplätze zu sichern. Seinerzeit wurde die Gewährung der Begünstigung allerdings nur daran geknüpft, ob Betriebsvermögen vorliegt.[205] Allein dies kann aber – damals wie heute – nicht Auskunft darüber geben, ob es sich tatsächlich um Vermögen handelt, welches auch im Sinne der gesetzlichen Absicht verwandt wird.[206]

---

201 *Tipke*, Die Steuerrechtsordnung Bd. I, S. 340.
202 BT-Drs. 16/7918.
203 *Tipke*, Die Steuerrechtsordnung Bd. I, S. 343; *Birk/Pöllath*, ZRP 2006, S. 209 (211); so wohl auch implizit *Seer*, GmbHR 2007, 281 (286); *Birk*, StuW 2005, S. 346 (351) bezweifelt dies mit guten Gründen, weil die Lenkungsvergünstigungen auf Marktverzerrungen abzielten.
204 BFH v. 5.10.2011 – Az. II R 9/11, BeckRS 2011, 96753, Rn. 20; auf verfassungsrechtliche Probleme war bereits vor dem Vorlagebeschluss hingewiesen worden, bspw. durch *Lang*, StuW 2008, S. 189 (197 f.); *ders.*, FR 2010, S. 49 ff.; *Schmitt* in FS Schaumburg, S. 1079 (1102 f.); *H. Viskorf*, FR 2007, S. 624 (628); *Piltz*, DStR 2010, S. 1913 (1924).
205 BFH v. 22.5.2002 – Az. II R 61/99, DStR 2002, S. 1438 (1444).
206 Vgl. FN 42.

Seinerzeit war es möglich, durch die schlichte Einlage von Privatvermögen in Betriebsvermögen begünstigungsfähiges Vermögen zu schaffen; dies war und ist aber unabhängig davon, ob die jeweiligen Vermögensgegenstände produktiv eingesetzt werden, es kommt vielmehr darauf an, wie das Vermögen eingesetzt wird.[207] Der Gesetzgeber hat sich im Rahmen der Erbschaftsteuerreform, obwohl das BVerfG sich zu der Frage der Verfassungswidrigkeit der Begünstigungsvorschriften für Betriebsvermögen nicht geäußert hatte, bemüht, die Regelungen „zielgenau" auszugestalten und Verwaltungsvermögen von der Steuerverschonung auszunehmen. Hierzu dienen der Verwaltungsvermögenstest, die Arbeitsplatzklausel sowie Behaltensfristen.[208] Allerdings hat die vorliegende Untersuchung gezeigt, dass diese Instrumente ihren Zweck verfehlen. Durch kautelarjuristische Gestaltungen ist es ohne weiteres möglich, für in Betriebsvermögen umgewandeltes Privatvermögen die Steuervergünstigungen in Anspruch zu nehmen, ohne dass es auf eine Gemeinwohlbindung des Vermögens ankäme.[209] § 13b ErbStG kann den verfassungsrechtlichen Anspruch an eine sachgerechte Abgrenzung zwischen Produktivvermögen und Verwaltungsvermögen nicht leisten. Vielmehr ermöglicht es die komplizierte Regelung auch Erwerbern von „begünstigungsunwürdigem" Vermögen die Steuervorteile in Anspruch zu nehmen, sie ist demnach nicht zielgenau. Dies lässt sich mit der dem Gerechtigkeitsgedanken des BVerfG folgenden Betrachtungsweise[210] nicht vereinbaren.[211]

c) Rechtfertigung im engeren Sinne

Selbst wenn man eine sachgerechte Abgrenzbarkeit unterstellt, ergeben sich Zweifel an der Verfassungskonformität der Begünstigungsvorschriften. Wie gezeigt, bewegt sich die Kontrolldichte des BVerfG in Bezug auf die Rechtfertigung von Ungleichbehandlungen zwischen der Willkürformel und einer strengen Prüfung der Verhältnismäßigkeit. Kriterien

---

207 Vgl. BFH v. 22.5.2002 – Az. II R 61/99, DStR 2002, S. 1438 (1444); zutreffend weist bspw. *Seer*, GmbHR 2009, S. 225 (236) darauf hin, dass Erben von Privatvermögen, die mit ihrer Erbschaft einen Betrieb gründen, erst Recht in den Genuss der Steuerbefreiung kommen müssen, denn diese trügen nicht nur zum Erhalt von Arbeitsplätzen bei, sondern schafften neue; ähnlich *Birk*, StuW 2005, S. 346 (350).

208 Vgl. S. 20 ff.

209 Vgl. S. 27 ff.

210 S. FN 184.

211 Zwar hat der BFH im Rahmen der Beitrittsaufforderung v. 5.10.2011 – Az. II R 9/11, BeckRS 2011, 96753, Rn. 23 das BMF um Mitteilung gebeten, ob und ggf. welche praktischen Erfahrungen im Besteuerungsverfahren oder bei Anträgen auf verbindliche Auskunft zu den aufgezeigten Gestaltungsmöglichkeiten es bisher gibt. Würde nämlich nur in einer geringen Zahl an Fällen der Begünstigungszweck nicht erreicht, kann dies für eine Verfassungskonformität der Regelung sprechen. Damit dürfte das BMF jedoch lt. *Geck*, DNotZ 2012, S. 329 (331) überfordert sein. Auf diesen Gesichtspunkt kommt es also letztlich nicht an. Vgl. dazu auch *Crezelius*, ZEV 2012, S. 1 (3), der § 42 AO anwenden will, wenn die angesprochenen Gestaltungen eher selten wären.

sind die Intensität der Ungleichbehandlung und die Frage, in wie weit die Betroffenen die Kriterien, an welche die Differenzierung anknüpft, beeinflussen können. *Seer* hat gezeigt, wieso im Falle der §§ 13a, 13b ErbStG eher ein strenger Maßstab gelten muss,[212] wohl wissend, dass der Maßstab, welchen das BVerfG anlegt, oft nicht vorhersehbar ist, und auch die Anwendung der „neuen Formel" nicht zwingend zu einer strengen Prüfung durch das BVerfG führt.[213] Eine Rechtfertigung scheidet demnach in jedem Fall dann aus, wenn die bestehende Regelung nicht einmal den Anforderungen des Willkürverbotes genügt.

Die näheren Konkretisierungen hierzu hat *Lang* durch Analyse der verfassungsgerichtlichen Rechtsprechung zusammen getragen: „In zahlreichen Entscheidungen wird [...] ausgeführt, die angegriffene Vorschrift dürfe nicht ,willkürlich' sein, nicht ,ohne zureichende sachliche Gründe' ergangen sein; sie müsse ,der Natur der Sache' entsprechen, ,sachlich gerechtfertigt', ,sachgemäß', ,sachgerecht' oder ,sachlich vertretbar' sein; sie dürfe sich nicht als ,sachfremd', sachwidrig', als ,evident unsachlich' erweisen."[214]

Der Gesetzgeber möchte die Erwerber von Unternehmensvermögen von der ErbSt frei stellen, weil er annimmt, diese stelle eine Gefahr für den Bestand der Unternehmen dar. Damit knüpft er zwar an die Rspr. des BVerfG an,[215] dennoch darf er gesetzgeberische Entscheidungen nicht auf Annahmen ins Blaue stützen. So ist insbesondere der Nachweis, die ErbSt gefährde den Fortbestand der Unternehmen und damit den Erhalt der Arbeitsplätze, bisher nicht erbracht, vielmehr sprechen die Fakten eher gegen diese Annahme.[216] Ein sachlicher Grund für die Ungleichbehandlung besteht daher nicht, der Gesetzgeber hat seinen Gestaltungsspielraum in jedem Fall überschritten.

Hinzu kommt, dass die Begünstigungsregelungen angesichts des Hochsteuerkonzepts eine besonders eklatante Ungleichbehandlung bewirken. Sie stellen begünstigtes Vermögen zu

---

212 *Seer*, GmbHR 2009, S. 225 (236) verweist zum einen darauf, dass die Erwerber es nicht in der Hand hätten, wie das Vermögen strukturiert sei, sie hätten diesbezüglich keinerlei Gestaltungsmöglichkeiten und zum anderen sei die Ungleichbehandlung sehr weitgehend.

213 Vgl. *Lang*, Die Steuerrechtsordnung Bd. I, S. 296 f. mit etlichen Nachweisen aus der verfassungsgerichtlichen Rspr.

214 *Lang*, Die Steuerrechtsordnung Bd. I, S. 296 mit zahlreichen Zitaten und Nachweisen aus der Rspr, dort FN 209-217.

215 Vgl. S. 50.

216 Vgl. nur *Spitzbart*, Das Betriebsvermögen im Erbschaftsteuerrecht, S. 174 ff.; *Seer*, GmbHR 2009, S. 236, der als milderes Mittel auf die Stundungsregel verweist; BFH v. 22.5.2002 – Az. II R 61/99, DStR 2002, S. 1438 (1441); zu demselben Ergebnis kommt auch der wissenschaftliche Beirat beim BMF in seinem Gutachten zur Begünstigung von Unternehmensvermögen in der Erbschaftsteuer aus Nov. 2011, S. 27 (http://www.bundesfinanzministerium.de/Content/DE/Standardartikel/Ministerium/Geschaeftsbereich/ Wissenschaftlicher_Beirat/Gutachten_und_Stellungnahmen/Ausgewaehlte_Texte/02-03-2012-ErbSt-anl.pdf?__blob=publicationFile&v=4; (20.10.2012, 18.58 Uhr).

85 % oder gar zu 100 % von der Steuer frei, während Erwerber nicht begünstigen Vermögens u. U. eine Steuerbelastung von 50 % hinnehmen müssen.[217] Bereits der Umfang der Befreiung gibt Anlass für verfassungsrechtliche Zweifel,[218] selbst wenn die Erhebung der ErbSt Betriebe gefährdete. Das BVerfG hat im Rahmen seiner 2. Erbschaftsteuerentscheidung deutlich gemacht, dass Befreiungen bei Vorliegen „ausreichender Gemeinwohlgründe" „gegebenen-falls auch sehr weitgehend" ausfallen können.[219] Damit deutet das Gericht an, dass nicht jeder Gemeinwohlgrund eine Ungleichbehandlung rechtfertigen kann, sondern es ein besonders fundierter und erheblicher sein muss. Dies wird man für den Erhalt von Arbeitsplätzen, was letztlich dem sozialen Frieden dient, annehmen können. Eine gänzliche Steuerbefreiung wäre dadurch indes nicht zwangsläufig gerechtfertigt: Denn die besonderen Gründe des Gemein-wohls können nur „im Ausnahmefall in verfassungsrechtlich zulässiger Weise sogar dazu führen, dass bestimmte Steuergegenstände vollständig von der Besteuerung ausgenommen werden"[220]. Gründe, die für die Annahme eines derartigen Ausnahmefalles sprächen, welcher eine so eklatante Ungleichbehandlung des Betriebsvermögens im Vergleich zu anderen Vermögegengegenständen rechtfertigen könnten, sind indes erst recht nicht ersichtlich.

---

217 In der Steuerklasse III ab einem Erwerb von 13 Mio. EUR.

218 *Viskorf*, FR 2007, S. 624 (628); *Seer*, ZEV 101 (106); *Schulte*, FR 2007, S. 309 (324, 326); *Wachter*, BB 2007, S. 577 (585); *Birk/Pöllath*, ZRP 2006, S. 209 (210).

219 BVerfG v. 7.11.2006 – Az. 1 BvL 10/02, BVerfGE 117, S. 1 (71).

220 BVerfG v. 7.11.2006 – Az. 1 BvL 10/02, BVerfGE 117, S. 1 (32).

4. Teil: Ergebnis und Ausblick

Seit der Erbschaftsteuerreform 2008 ist ein weitgehend oder vollständig erbschaftsteuerneutraler Erwerb von Unternehmensvermögen möglich. Durch das Wachstumsbeschleunigungsgesetz wurden die Voraussetzungen der Begünstigung zudem erheblich abgesenkt. Letztlich gehen die Begünstigungsregelungen auf eine viel kritisierte Rspr. des BVerfG zurück, welches 1995 dem Gesetzgeber auferlegte, Unternehmensvermögen erbschaftsteuerlich zu privilegieren. 2006 konkretisierte das BVerfG seine Rspr., in dem es forderte, die Verschonungstatbestände „zielgenau" auszugestalten. Bereits während des Reformprozesses wurden indes gegen die in Rede stehenden Normen, welche dieser Anforderung genügen sollten, verfassungsrechtliche Bedanken erhoben.

Diese sind zutreffend, denn die §§ 13a, 13b ErbStG genügen den Anforderungen von Art. 3 Abs. 1 GG gleich aus mehreren Gründen nicht. Zwar versuchen sie, einem tauglichen Gemeinwohlgrund zu dienen. Jedoch ist die Begünstigung an den ertragsteuerlichen Begriff des Betriebsvermögens geknüpft, eine zutreffende Differenzierung zwischen Produktiv- und Verwaltungsvermögen, sollte sie überhaupt möglich sein, ist dem Gesetzgeber – was niemand ernsthaft bestreitet – nicht geglückt. Durch kautelarjuristische Gestaltung können die Steuerpflichtigen die ErbSt umgehen, auch ohne zwingend dem durch die Begünstigung verfolgten Gemeinwohlbelang, der Arbeitsplatzsicherung, zu dienen. Die derzeitige Gestaltbarkeit führt dazu, dass die Begünstigungen unabhängig von der Zusammensetzung und Bedeutung für das Gemeinwohl in Anspruch genommen werden können. Folglich grenzen die Vorschriften die verschiedenen Gruppen der Normadressaten nicht sachgerecht gegeneinander ab, sie sind nicht zielgenau. Auch darüber hinaus ist, sogar wenn man lediglich die Willkürformel anwendet, kein sachlicher Grund für die Befreiung ersichtlich, denn die Annahme, die ErbSt behindere die Unternehmensfortführung, ist bisher nicht belegt. In der Literatur wurde sogar das Gegenteil glaubhaft gemacht.[221] Doch selbst wenn die ErbSt die Unternehmensfortführung behinderte, ist eine gänzliche Befreiung nicht erforderlich, zumal das BVerfG eine solche nur im Ausnahmefall für zulässig erachtet. Kommt es zu einer neuerlichen konkreten Normenkontrolle, mit welcher allseits gerechnet wird, muss das BVerfG zentrale Regelungen des ErbStG für verfassungswidrig erklären.

Von dem BFH (abermals) auf die verfassungsrechtlichen Probleme hingewiesen, bemüht sich der Gesetzgeber im Rahmen des JStG 2013 nun um Korrektur. Er versucht, die vom BFH aufgezeigten Gestaltungen, welche Anlass der verfassungsrechtlichen Zweifel sind, durch

---

221 FN 216.

eine weitere Verkomplizierung der Regelung einzudämmen. Insbesondere soll § 13b Abs. 2 S. 2 Nr. 4 ErbStG ausgeweitet werden und nun auch Zahlungsmittel, Sichteinlagen, Bankguthaben und andere Forderungen, soweit deren Wert nicht geringfügig ist, umfassen.[222] Dies mag zwar den missbräuchlichen Einsatz von so genannten Cash-Gesellschaften eindämmen, doch schafft die Regelung mindestens ebenso viele Probleme, wie sie (vordergründig) löst, denn sie ist liquiditätsfeindlich. Ggf. wird die gesetzgeberische Intention, Betriebe und Arbeitsplätze zu erhalten, auf diesem Wege konterkariert und der Bestand von Unternehmen durch sie sogar gefährdet.[223]

Lang schreibt über die ErbSt in Bezug auf die Entlastungsregelungen für Unternehmensvermögen, sie seien ein missglückter Kompromiss zwischen Erhalt und Abschaffung der ErbSt.[224] Dem ist zuzustimmen. Die unterschiedliche Behandlung verschiedener Vermögensgegenstände führt zu eklatanten Ungleichbehandlungen, die nicht zu rechtfertigen sind. Ggf. sollte in der politischen Diskussion die Alternative, welche seinerzeit neben dem Hochsteuerkonzept diskutiert wurde, abermals aufgegriffen werden. Sie ist unter dem Schlagwort „breite Bemessungsgrundlage – niedrige Steuersätze"[225] zu fassen.

---

222 Vgl. zu den geplanten Änderungen *Geck*, ZEV 2012, S. 399 (400 f.); *Korezkij*, DStR 2012, S. 1640 (1641).

223 Vgl. *Rödl*, BB 2012, S. 1761 (1761).

224 *Lang*, FR 2010, S. 49 (49).

225 *Schmitt* in FS Schaumburg, S. 1079 (1089); im Rahmen dieses Modells werden alle Vermögenswerte mit dem Verkehrswert bewertet, Abschläge zur Verschonung einzelner Vermögensgegenstände gibt es nicht. Freibeträge werden möglichst gering gehalten, die Erhöhung der Wertansätze und das dadurch gewonnene Aufkommenspotential ermöglicht die Einführung niedriger Steuersätze. Die geringe Fungibilität bestimmter Vermögenswerte wie Betriebsvermögen kann durch Stundungsregeln berücksichtigt werden. Dieser Vorschlag ist vielfach prominent in der Literatur erhoben werden, vgl. zur *Seer*, GmbHR 2007, S. 281 (290); *ders.*, ZEV 2007, S. 101 (106); *ders.* 2009, S. 225 (237); *ders.*, ZRP 2007, S. 116 ff. *Viskorf*, FR 2007, S. 624 (630); *Hey*, JZ 2007, S. 564 (574); zum selben Ergebnis kommt auch der Wissenschaftliche Beirat beim BMF in seinem Gutachten zur erbschaftsteuerlichen Sonderbehandlung von Unternehmensvermögen, S. 37 (s. FN 216 a. E.).

Ergänzung

Nach Fertigstellung der Untersuchung hat der BFH entschieden, die fraglichen Regelungskomplexe dem Bundesverfassungsgericht im Rahmen einer konkreten Normenkontrolle (Art. 100 GG) dem Verfassungsgericht vorzulegen.[226] Die Leitsätze des Beschlusses lauteten:

1. Der BFH hält § 19 Abs. 1 ErbStG i. V. m. §§ 13a und 13b ErbStG in der im Jahr 2009 geltenden Fassung wegen Verstoßes gegen den allgemeinen Gleichheitssatz (Art. 3 Abs. 1 GG) für verfassungswidrig, weil die in §§ 13a und 13b ErbStG vorgesehenen Steuervergünstigungen nicht durch ausreichende Sach- und Gemeinwohlgründe gerechtfertigt sind und einen verfassungswidrigen Begünstigungsüberhang aufweisen. Die Verfassungsverstöße führen teils für sich allein, teils in ihrer Kumulation zu einer durchgehenden, das gesamte Gesetz erfassenden verfassungswidrigen Fehlbesteuerung, durch die Steuerpflichtige, die die Vergünstigungen nicht beanspruchen können, in ihrem Recht auf eine gleichmäßige, der Leistungsfähigkeit entsprechende und folgerichtige Besteuerung verletzt werden.

2. Die Gleichstellung von Personen der Steuerklasse II und III im Jahr 2009 ist nicht verfassungswidrig.

---

226 BFH v. 27. 9. 2012 - II R 9/11, DStR 2012, S. 2063 ff.

Der Autor

    Florian Oppel studierte nach Abitur und Wehrdienst Rechtswissenschaften an der Universität Bonn mit dem Schwerpunkt „Unternehmen, Kapitalmarkt und Steuern". Nach der 1. juristischen Staatsprüfung, die er mit Prädikat abschloss, absolvierte er unter den drei Jahrgangsbesten den Masterstudiengang Wirtschaftsrecht mit dem Studienschwerpunkt „Steuern und Bilanzen" an der Universität zu Köln. Zudem verfolgt er ein steuerrechtliches Promotionsvorhaben und ist Autor von steuer- und stiftungssteuerrechtlichen Veröffentlichungen in einschlägigen Fachzeitschriften. Sein besonderes Interesse gilt der steuerlichen Behandlung von Vermögens- und Unternehmensnachfolgen.

www.ingramcontent.com/pod-product-compliance
Lightning Source LLC
Chambersburg PA
CBHW050929030726
47586CB00005B/1589